长江中游城市群
区域经济一体化发展研究

胡敏捷　秦尊文　著

WUHAN UNIVERSITY PRESS
武汉大学出版社

图书在版编目(CIP)数据

长江中游城市群区域经济一体化发展研究/胡敏捷,秦尊文著.
—武汉:武汉大学出版社,2021.3
ISBN 978-7-307-22052-2

Ⅰ.长… Ⅱ.①胡… ②秦… Ⅲ.长江中下游—城市群—区域经济一体化—研究 Ⅳ.F127.5

中国版本图书馆 CIP 数据核字(2020)第 268532 号

责任编辑:陈 红　　责任校对:李孟潇　　版式设计:马 佳

出版发行:**武汉大学出版社**　(430072 武昌 珞珈山)
(电子邮箱:cbs22@whu.edu.cn 网址:www.wdp.com.cn)
印刷:广东虎彩云印刷有限公司
开本:720×1000 1/16　印张:12.5　字数:222 千字　插页:1
版次:2021 年 3 月第 1 版　2021 年 3 月第 1 次印刷
ISBN 978-7-307-22052-2　定价:39.00 元

目　　录

第一章 绪 论

长江中游城市群是中国经济增长的“第四极”，经济总量仅次于长三角城市群、珠三角城市群和京津冀城市群，经济发展增速高于全国平均水平，是中国经济稳定至关重要的调节器。大力推进长江中游城市群区域经济一体化发展，对我国经济发展有着承东启西的战略作用，有利于东部地区进一步发展，有助于推动中部崛起，提升中部地区竞争力，更有利于西部大开发的顺利进行，扭转区域发展不均衡，促进“一带一路”发展，对构建我国“双循环”相互促进的新发展格局具有举足轻重的作用。

第一节 长江中游城市群区域经济一体化的研究背景

开展长江中游城市群区域经济一体化研究，有着深刻的背景。

一、以国内大循环为主体的“双循环”格局的形成

2020年全国“两会”期间，习近平总书记强调要“逐步形成以国内大循环为主体、国内国际双循环的格局”。当前国际环境面临百年未有之大变局，构建以国内大循环为主体、国内国际双循环相互促进的新发展格局，能够更好地保障中国经济安全，其意义和重要性不言而喻。而以国内大循环为主体，自然要立足于扩大内需，充分发挥中国超大规模市场优势和内需潜力，拓展经济发展空间。中部地区作为我国扩大内需的主战场，历史厚重，资源丰富，交通便利，经济发达，工农业基础雄厚，现代服务业发展迅速，依靠全国约10.7%的土地，承载全国约26.51%的人口，创造全国约21.69%的生产总值，是我国的人口大区、交通枢纽、经济腹地和重要市场。长江中游城市群处于中部之中，承东启西、连南接北，是中部地区重要的中心区域、国家重要的综合交通枢纽，是引领中部地区崛起、全方位深化改革开放和推进我国“双循环”体系构建的重点区域，在我国新发展格局中占有举足轻重的地位。携手推进长江中游城市群区域经济一体化，既能激发我国市场活力，增强内生动力，释放

内需潜力，也是我国实现经济“双循环”的内在要求。

二、长江经济带发展战略深入推进

早在20世纪80年代中期我国制定的国土规划纲要，就明确地把沿海和长江作为我国两条经济开发的主轴，当时就有不少专家学者提出了长江经济带建设的构想，但由于种种原因，沿海地区开发取得了长足进展，而长江开发却严重滞后。21世纪初，随着我国经济开发由沿海向内地推进，长江成为连接我国东中西三大板块的重要通道，长江沿岸地区作为经济基础较好、开发条件优越的地区，成为推进的主要通道。江苏率先提出了长江产业带建设的战略构想，安徽紧接着提出了建设皖江经济带，重庆也提出了沿江经济带的建设构想。与此同时，湖南提出了建设以长株潭为中心的长株潭城市群，江西提出了建设以昌九走廊为主轴的环鄱阳湖城市群，湖北也作出了加快长江经济带新一轮开放开发的决定，长江经济带建设重新引起社会各界乃至中央的关注，并渐入佳境。始于20世纪80年代的沿海开发形成了我国当前珠江三角洲、长江三角洲、环渤海地区三大城市集群，长江经济带开发也将会形成长江三角洲地区、长江中游和长江上游三大城市群，长江中游地区有着得天独厚的优势，无疑将成为长江经济开发中的重中之重。此外，2016年3月25日中央政治局讨论通过的《长江经济带发展规划纲要》明确提出，要把长江中游城市群打造成长江经济带重要增长极，增强武汉、长沙、南昌中心城市功能，促进三大城市组团之间的资源互补与协作，这为长江中游城市群区域经济一体化发展提供了有力支撑。促进长江中游城市群区域经济一体化发展，是实施《长江经济带发展规划纲要》的迫切需要。

三、中央确定“城市群带动区域发展”新模式

实施区域协调发展战略是新时代国家重大战略之一，是贯彻新发展理念、建设现代化经济体系的重要组成部分。2018年11月18日，中共中央、国务院发布《关于建立更加有效的区域协调发展新机制的意见》，明确提出“建立以中心城市引领城市群发展、城市群带动区域发展新模式，推动区域板块之间融合互动发展”。长江中游城市群处在国家“一带一路”建设、中部崛起和长江经济带三大战略的空间交汇点，随着国家铁路建设尤其是高铁建设的迅猛发展，长江中游城市群与成渝、长三角、京津冀、粤港澳大湾区等地区之间的经济联系也日益紧密。加快长江中游城市群区域经济一体化发展，有利于提升长江中游城市群整体竞争力，营造以东带西、东中西共同发

展的格局，缩小区域板块发展差距，增强我国经济发展的平衡性、协调性和可持续性。

第二节 长江中游城市群区域经济一体化的基础条件

长江中游城市群区位优势明显、交通便利、智力资源丰富、经济基础较好、历史文化悠久，这为推动长江中游城市群区域经济一体化发展奠定了良好基础。

一、区位优势明显

长江中游城市群包含武汉城市圈、长株潭城市群以及环鄱阳湖城市群，三大城市群均位于长江中游地区，且相互毗邻，大致呈等腰三角形状①。长江中游城市群有着得天独厚的自然条件，所在的江汉平原是我国四大平原之一——长江中下游平原的主要部分，具备良好的空间开发基础。同时，湿润性的亚热带季风气候适宜人类居住，为人口聚集尤其是人才引进创造了良好的条件。

武汉城市圈、长株潭城市群和环鄱阳湖城市群分别是湖北、湖南、江西三省的重要经济组成部分，是各省的核心经济区，在中部地区有着承东启西、连接南北的重要地缘优势。长期来看，长江中游城市群的发展态势是：向南连接珠三角、向东连接长三角，向北指向中原城市群，与东部的长三角城市群、南部的粤港澳大湾区、北部的京津冀城市群、西部的成渝城市群形成良好的互动态势。长江中游城市群已经成为未来助推中国区域经济发展格局的重要战略第四增长极。②

二、交通便利

长江中游城市群地处长江中游地区，沿长江两岸相连，京九京广连通南北，黄金水道和沪昆高速贯穿东西，形成了“井”字形的交通网络和全方位的大交通网络格局。长江中游城市群地区的高速公路星罗棋布，四通八达，京

---

① 彭智敏．“长江中游城市群”：寻求中部经济增长点［N］．中国社会科学报，2011-11-24（18）．

② 牛雄，魏际刚，刘云中，秦宁．从战略高度加快长江中游城市群发展［N］．中国经济时报，2014-02-10（05）．

港澳、大广二广、福银、济广、沪昆、沪蓉、沪渝、杭瑞等高速公路穿境而过，此外，还有随岳高速、长张高速、长株高速、衡邵高速、章吉高速等交通通道。汉长昌高速环路更进一步缩短了三大城市圈（武汉城市圈、长株潭城市群、环鄱阳湖城市群）之间的经济距离，为其扩大经济辐射范围提供了有利条件，为长江中游城市群区域经济一体化建设提供了便利的交通条件。湘鄂赣三省之间除了完善的高速公路网之外，早在几年之前就已经开通了高铁，随着武广高速、沪昆客运专线和武九客运专线的投入使用，湘鄂赣三省逐步形成了高铁城际交通圈，武汉、长沙、南昌三省会之间形成了 2 小时交通圈。长江中游航运是内陆地区重要的水上交通生命线，该地区已初步形成了武汉为中心，宜昌、荆州、长沙、岳阳、南昌等为骨干的层次分明、功能各异的跨区域间港口交通体系。目前，国家正大力支持武汉建设长江中游国际航运中心。

三、智力资源丰富

长江中游城市群地区科教资源密集、创新要素丰富，拥有两大国家全面创新改革试验区、两大国家自主创新示范区、一个综合性国家科学中心和近 30 个国家级高新区，以及众多大专院校、科研院所，是中国最大的知识智力和科研创新密集区之一。2018 年，该地区拥有普通高等院校多达 260 所，高等院校在校学生数量近 300 万人，武汉市科技教育综合实力仅次于北京、上海，居全国第三位。长江中游城市群拥有多个国家级高新区（见表 1-1）。武汉东湖高新技术开发区是我国第二个自主创新示范区，该区拥有我国最大的光纤光缆生产基地，其生产规模位居世界首位，已经形成世界级产业集群。长株潭城市群是国家级综合高新技术产业示范区，目前已经形成了以电子信息、新材料、先进制造、生物与医药、航空航天等战略性产业为核心的产业示范区域。

表 1-1　**湘鄂赣三省国家级高新区**

省份	高新区名称
江西省	南昌高新技术产业开发区、新余高新技术产业开发区、景德镇高新技术产业开发区、鹰潭高新技术产业开发区、抚州高新技术产业开发区、赣州高新技术产业开发区、吉安高新技术产业开发区、九江共青城高新技术产业开发区、宜春丰城高新技术产业开发区

续表

省份	高新区名称
湖北省	武汉东湖新技术开发区、襄阳高新技术产业开发区、宜昌高新技术产业开发区、孝感高新技术产业开发区、荆门高新技术产业开发区、随州高新技术产业开发区、仙桃高新技术产业开发区、咸宁高新技术产业开发区、黄冈高新技术产业开发区、荆州高新技术产业开发区、黄石大冶湖高新技术产业开发区、潜江高新技术产业开发区
湖南省	长沙高新技术产业开发区、株洲高新技术产业开发区、湘潭高新技术产业开发区、益阳高新技术产业开发区、衡阳高新技术产业开发区、郴州高新技术产业开发区、常德高新技术产业开发区、怀化高新技术产业开发区

四、经济基础较好

长江中游城市群在农业、现代制造业以及高新技术等方面都拥有良好的发展基础。农业方面，长江中游城市群地区拥有全国商品粮生产基地——江汉平原，农业发展水平较高，特色较为明显。2019 年长江中游城市群实现 GDP 93833.85 亿元，占全国的 9.47%。长江中游城市群地区大多为老工业基地，武汉、长沙、南昌等地制造业实力雄厚。目前，这些地区已经形成了汽车、生物制药、装备制造等相关支柱产业，光电、新能源等一大批新兴产业也逐步落户到该地区，为区域经济一体化提供了坚实的经济基础。

五、历史文化悠久

湘鄂赣三省都是文化大省，历史文化悠久，民俗资源丰富。湖湘文化、荆楚文化以及赣湘文化都源远流长、博大精深，具有鲜明的地域文化特色和巨大的经济开发价值。区域内人民的生活习惯、文化习性、消费观念都比较接近，从而形成了一种相互认同的文化氛围，文化融合的地域特征使得湘鄂赣三省的合作交流有了比较深厚的社会历史基础。相邻城市之间相似的文化底蕴、历史渊源、生活习俗，都是城市凝聚力增强、竞争力加强的持久推动力。

第三节　长江中游城市群区域经济一体化的重大意义

实施长江中游城市群区域经济一体化发展，有利于充分发挥区域内各地区比较优势，提升长江中游城市群整体综合实力，在全面建设社会主义现代化国家新征程中走在全国前列。

一、打造中国经济“双循环”格局的需要

长江中游城市群作为中国经济最活跃的地区之一，是国家参与国际竞争并走向中心的重要支撑地区，其区域经济一体化进程大势所趋地具备了“双循环”格局构建所必需的集成。推动长江中游城市群区域经济一体化发展，是推动全国高质量发展、完善我国改革开放空间布局、打造我国发展强劲活跃增长极的重大战略举措。推进长江中游城市群区域经济一体化发展，有利于提升长江中游城市群在世界经济格局中的能级和水平，推动我国参与全球合作和竞争，构建以国内大循环为主，国内国际双循环相互促进的新发展格局。

二、促进区域协调发展的迫切需要

近些年来，随着国家铁路建设尤其是高铁建设的迅猛发展，武汉、长沙和南昌三个省会城市之间形成了2小时交通圈，武汉城市圈、长株潭城市群、环鄱阳湖城市群之间的联系也日益紧密。加快长江中游城市群建设，有利于湘鄂赣三省精华地带、通过合作求发展，在中部地区率先形成跨省的城市化密集区域，整体提升中部地区城市城市化水平；有利于发挥核心区域的引领和辐射带动作用，加快促进中部地区的整体崛起。① 推进长江中游城市群区域经济一体化，将使中部地区在长江流域的发展中有一个大的突破，逐步跟上和接近东部地区的发展速度和水平，为带动西部的大发展进一步创造条件，进而营造以东带西、东中西共同发展的格局，缩小区域发展差距，增强我国经济发展的平衡性、协调性和可持续性②。

三、对长江经济带经济社会发展具有重大战略意义

从短期来看，长江中游城市群区域经济一体化对长江经济带经济社会发展具有重要意义和关键作用，是长江经济带经济从高速增长转向高质量发展的主要引擎。当此从高速向高质量转变之际，我国经济既面临增长下行压力加大的风险，也面临转型升级的问题，急需一些转型初步成功、经济增长势头良好的区域中心发挥外溢效应，带动更大范围的周边地区增长和转型。从长期来看，

① 秦尊文．从国家战略层面研究长江中游城市群集群建设［J］．湖北社会科学，2012（7）：45-47.

② 秦尊文．打破不合理的行政壁垒［N］．湖北日报，2012-12-31（03）.

区域经济一体化的长江中游城市群是长江经济带参与国际竞争并走向舞台中心的主要平台，区域经济一体化的长江中游城市群是构建高质量发展的“长江经济防线”的基础柱石。

四、有利于保证国家粮食和生态安全

长江中游城市群地处长江中游平原，涵盖“一江两湖”（长江、洞庭湖、鄱阳湖），是中国重要的粮食主产区之一。目前，长江中游城市群正处于工业化和城镇化“双加速”的关键时期。工业化和城镇化的快速推进，很容易与农业和粮食、生态和环境产生冲突，从而造成工业化、城镇化和农业现代化、生态环境不协调的局面。加快推进长江中游城市群区域经济一体化，切实搞好耕地保护和粮食主产区建设，加大湿地共同保护、港口共同开发、航道和湖泊共同整治、环境共同治理的力度，积极探索不以牺牲耕地和农业为代价，经济发展与生态环境保护有机融合的跨越式绿色发展新路子，对建成“两型”社会示范区，构建长江中下游水生态安全保障区以及保障国家粮食和生态安全具有重要的战略意义。

五、有利于实现湘鄂赣三省资源共享、改善人民生活

长江中游城市群区域经济一体化，将有利于资源在长江中游乃至中部地区范围更合理地配置，可以通过降低交易成本，深化分工与合作以提高效率，更加充分地共享外部性，实现规模报酬递增，最终实现 $1+1+1>3$。推进长江中游城市群区域经济一体化，就是要根据长江中游城市群一体化发展的要求和目标，促进公共服务制度的变革和创新，健全公共服务配置机制，使得长江中游城市群内所有公民所享受到的基本公共服务能够突破行政区划的界限，逐步实现对接共享并最终达到同一标准，真正使长江中游城市群内基本公共服务做到资源共享、制度对接、流转顺畅、差距缩小、待遇互认。通过实现区域经济一体化提高服务供给效率，促进服务消费，为长江中游城市群的人民群众创造美好的生活环境和工作环境，最终改善其生活质量，是建设和谐长江中游城市群的必然要求。

第二章　文献综述

第一节　城市群区域经济一体化研究综述

一、国内研究综述

在我国，学者们对城市群区域经济一体化的研究已初显成效，他们提出了一系列能推动城市群区域经济一体化进程的观点和建议，主要集中在以下几个方面：

第一，在城市群经济一体化建设的目标和重点方面，张兆安①、王春业②、金太军③在其研究成果中均有论述。他们都认为，推进城市群经济一体化的重点在于转变政府管理的评估标准，加强城市群经济一体化的立法建设，成立城市群经济一体化合作联盟，开展城市群内部贸易政策审议，分离政府的经济职能与行政职能。同时，他们还指出在建设城市群经济一体化时必须防止过分强调行政手段、产业分工和经济指标，要把城市群的发展同经济的可持续发展目标相结合，建设富有长久生命力的城市群。

第二，在要素流动和配置方面，荣跃明（2005）④、张震龙（2006）⑤、

---

① 张兆安．大都市圈与区域经济一体化：兼论长三角区域经济一体化［M］．上海：上海财经大学出版社，2006.

② 王春业．区域行政立法模式研究：以区域经济一体化为背景［M］．北京：中国法律出版社，2009.

③ 金太军．区域治理中的行政协调研究［M］．广州：广东人民出版社，2011.

④ 荣跃明．区域整合与经济增长［M］．上海：上海人民出版社，2005.

⑤ 张震龙．“两湖”平原经济一体化发展战略研究［D］．武汉：华中科技大学，2006.

陈建军（2009）① 等学者认为，城市群的经济一体化要逐步取消阻止群内各城市间生产要素自由流动的障碍，建立一个包括商品、资本和劳动力在内的统一市场，充分发挥各城市的生产要素优势，实行城市群内生产要素的优化配置，促进城市群的繁荣与发展。他们还通过借鉴欧洲、美国等世界城市圈发展的先进经验，提出我国城市群发展需要重点培育主导产业，以经济利益为纽带整合群内资源，充分发挥各城市的优势。

第三，在发展战略和机制方面，胡军、刘少波、冯邦彦（2005）②、肖林、王方华（2008）③、王圣军（2008）④ 等学者提出了自己的观点。他们大多认为，城市群的经济合作不是简单地依靠行政壁垒、计划和政府间的调控手段，而是站在更高的战略层面将政府的作用集中在撤除城市群内行政壁垒，提供无差异的公共产品上。同时，充分利用市场机制的作用，将企业推向促进城市群经济一体化的前台，以实现区域发展、地域发展和经济一体化的多赢目标。

第四，目前很多学者把视角投入城市群产业集群方面，通过产业集群来研究城市群的产业一体化。国内对产业集群的研究是在引进国外理论的基础上结合自身实践而进行的，具有代表性的研究学者有王辑慈⑤、朱华晨⑥、卫龙宝、阮建青、傅昌銮⑦等。

王辑慈（2001）在《创新的空间：企业集群与区域发展》一书中较为全面地介绍了国内外产业集群理论，并结合中关村的产业集群现象进行了实证分析，提出了营造创新区域环境发展产业集群的思想。

中共武汉市委党校课题组也将城市圈理论与区域产业集群相结合，对武汉

---

① 陈建军．要素流动、产业转移和区域经济一体化［M］．杭州：浙江大学出版社，2005.

② 胡军，刘少波，冯邦彦．CPEA 与泛珠三角发展战略［M］．北京：经济科学出版社，2005.

③ 肖林，王方华．中国都市圈服务经济与全球化竞争战略［M］．上海：格致出版社，2008.

④ 王圣军．大都市圈发展的经济整合机制研究［D］．成都：西南财经大学博士学位论文，2008.

⑤ 王辑慈．超越集群：中国产业集群的理论探索［M］．北京：科学出版社，2010.

⑥ 朱华晨．浙江产业群：产业网络、成长轨迹与发展动力［M］．杭州：浙江大学出版社，2003.

⑦ 卫龙宝，阮建青，傅昌銮．产业集群升级，区域经济转型与中小企业成长：基于浙江特色产业集群案例的研究［M］．杭州：浙江大学出版社，2003.

城市圈的产业集群进行过较为深入的研究。产业集群理论揭示了产业集群对城市圈发展的作用，武汉城市圈的发展也必须形成合理的地域分工合作模式并重视产业之间的关联。①

上述几个方面是国内经济一体化研究较多的内容，随着区域经济学的发展和经济区域化发展现象的日益明显，我国学者开始越来越多地关注国内区域经济一体化问题。国内关于城市群经济一体化的研究尚未形成完整与系统的理论体系，没有像国外一样有可以被使用和借鉴的理论，更多地是针对目前现状的分析与阐述，所以我们还需要像国外学者一样深入研究经济一体化的运行机理、完善研究思路、揭示城市群一体化发展的基本特征，方能“有的放矢”。

二、城市群区域经济一体化发展水平测度研究综述

吕典玮、张琦（2010）以京津地区为对象，采用价格法、区位商分析市场一体化和产业分工一体化程度，另外用弗里德曼的空间结构演变阶段理论划分了京津地区的空间一体化程度。② 周立群等（2010）从市场和政策一体化两个方面建立评价体系，采用 AHP 和标准差值法对长三角、珠三角及京津冀三大区域的经济一体化进行了测度和比较。③ 陈红霞等（2009）、④ 杨凤华等（2012）⑤ 用相对价格方差分别测度并分析了京津冀和长三角的商品市场一体化水平。孙久文、丁鸿君（2012）运用引力模型、区域分工指数、相对价格法分别对京津冀区域经济一体化中的区域经济联系强度、产业分工程度、产品市场和要素市场一体化程度进行评价分析，并提出了发展建议。⑥ 苏芳（2013）用相对价格法测度的区域经济一体化程度、基尼系数测度的区域经济

① 中共武汉市委党校课题组．产业集群与武汉经济圈发展研究［J］．长江论坛，2005（3）：14.

② 吕典玮，张琦．京津地区区域一体化程度分析［J］．中国人口·资源与环境，2010（3）.

③ 周立群，夏良科．区域经济一体化的测度与比较：来自京津冀、长三角和珠三角的证据［J］．江海学刊，2010（4）.

④ 陈红霞，李国平．1985—2007 年京津冀区域市场一体化水平测度与过程分析［J］．地理研究，2009（6）：1476-1483.

⑤ 杨凤华，王国华．长江三角洲区域市场一体化水平测度与进程分析［J］．管理评论，2012（1）：32-38.

⑥ 孙久文，丁鸿君．京津冀区域经济一体化进程研究［J］．经济与管理研究，2012（7）：52-58.

发展差距和区域经济发展速度三个指标建立区域协调发展评价模型，来判断甘肃兰白地区经济协调发展程度。① 李雪松、孙博文（2013）从市场、行政和社会三个一体化方面，建立区域一体化评价指标体系，并结合层次分析法对长江中游三大城市群内部区域一体化进行测度和比较分析。② 梁慧超等（2013）使用基于 DEA 的 Malmquist 指数法，对京津冀地区的技术差异进行了实证分析，指出区域技术差异过大阻碍了其经济一体化的顺利发展，并提出了明确京津冀区域功能定位、完善京津冀区域交通网络、优化京津冀区域产业结构、推进京津冀区域协调机制的建议。③

第二节　长江中游城市群区域经济一体化研究综述

一、长江中游城市群区域一体化研究综述

魏后凯等（2012）指出，长江中游城市群一体化发展应构建互联互通的区域基础设施网络，在推动集群产业合作的基础上，推进信息服务一体化、环境保护一体化，搭建一体化的区域合作平台。④ 秦尊文（2015）提出，应从空间开发、生态文明建设、公共服务、对内对外开放四个方面推进长江中游城市群一体化发展。⑤ 喻杰（2016）从市场、行政、基础设施、社会一体化四个维度对长江中游城市群一体化进行测度，认为推动长江中游城市经济一体化，充分整合资源，对提升我国整体创新水平，推动经济可持续发展有着重要的战略意义。⑥ 王亮等（2019）通过构建城市群一体化动态耦合关系模型，测度了长江中游城市群一体化水平，环长株潭城市群发育程度最高，武汉城市

① 苏芳．区域经济协调发展评价——以甘肃兰白地区为例［J］．生产力研究，2013（1）：110-113.

② 李雪松，孙博文．长江中游城市群区域一体化的测度与比较［J］．长江流域资源与环境，2013（8）：996-1003.

③ 梁慧超，刘静，沈红丽．基于技术差异分析的京津冀区域经济一体化实证研究［J］．河北工业大学学报，2013（3）：97-103.

④ 魏后凯，成艾华．加快推动长江中游城市集群多极协同、一体化发展［J］．政策，2012（4）：49-52.

⑤ 秦尊文．加快推进长江中游城市群一体化发展［J］．政策，2015（11）：55-56.

⑥ 喻杰．长江中游城市群经济一体化研究［D］．沈阳：辽宁大学硕士学位论文，2016.

圈中存在“洼地”，环鄱阳湖城市群出现“脱群”现象。①

李兵等（2012）指出环境保护一体化在城市集群建设中有着重要的战略意义，实现长江中游城市群环境保护一体化是破解环境资源瓶颈的必然选择。② 秦尊文、陈丽媛（2014）认为长江中游城市群是全国“两型”社会建设先行区，通过跨行政区域的生态环境治理，走生态文明建设一体化发展的道路，能够为全国作出示范。③ 李雪松、孙博文（2013）参照了世界银行从密度、距离与分割3个维度对区域一体化的界定，构建了区域一体化评价体系，结果表明长株潭城市圈区域一体化水平最高，武汉城市圈次之，环鄱阳湖城市群最低，但三大城市群一体化水平都呈现逐渐提高趋势。④ 王艳慧等（2015）认为基本公共服务一体化是经济发展重要载体和平台，实现基本公共服务一体化是长江中游城市群一体化发展的最关键、最基本的要求。⑤ 李琳等（2016）从市场一体化的支撑因素和表征因素两个维度出发，构建了城市群市场一体化的评价指标体系，研究表明长江中游城市群1999—2013年市场一体化水平得到了加速提升，但发展的协调性不足，还处于以城市间联系度为单一支撑的较低级发展阶段。⑥ 童中贤等（2016）指出推进长江中游城市群空间整合，对增强其整体竞争能力和可持续发展能力以及推进一体化发展起到了举足轻重的作用。⑦ 甘文婷（2017）认为长江中游城市群产业一体化存在产业经济总量较小，产业结构趋同，产业关联度不够，产业一体化水平较低等问题，可通过构建长江中游城市群产业一体化协同机制以及完善长江中游城市群基础设施建

① 王亮，等．基于“耦合距离”的长江中游城市群一体化空间范围定量测度［J］．长江流域资源与环境，2019，28（12）：35-45.

② 李兵，蒋益民，邓兴明．推进长江中游城市集群环境保护一体化［J］．政策，2012（10）：41-44.

③ 秦尊文，陈丽媛．推进长江中游城市群生态文明建设一体化［J］．理论月刊，2014（9）：5-9.

④ 李雪松，孙博文．长江中游城市群区域一体化的测度与比较［J］．长江流域资源与环境，2013（8）：996-1003.

⑤ 王艳慧，王亚东．长江中游城市群基本公共服务一体化战略选择［J］．北方经济，2015（3）：52-54.

⑥ 李琳，谈肸，徐洁．长江中游城市群市场一体化水平评估与比较［J］．城市问题，2016（10）：12-21.

⑦ 童中贤，曾群华．长江中游城市群空间整合进路研究［J］．城市发展研究，2016，23（1）：49-57.

设等来促进长江中游城市群产业一体化发展。① 沈姊文（2017）指出推动长江中游城市群一体化进程有助于缩小地区之间的差距，促进资源合理配置，并提出基础设施一体化是城市群一体化发展的基础。② 李云汉等（2017）以推进长江中游城市群综合运输服务一体化进程为导向，分析了其特征与问题，从通道网络、客货运服务、体制机制保障方面进行研究并提出了城市群跨部门、跨区域、跨方式的运输服务一体化推进对策。③

二、武汉城市圈区域经济一体化研究综述

蒲丽娟（2013）认为，需完善基础设施建设、发挥产业集聚功能、优化政府协调职能、促使公共服务均等化、加强资源保护立法等以促进武汉城市圈经济一体化。④ 王喆（2014）提出武汉城市圈区域经济一体化需加快产业一体化、推进资源配置市场化、完善环保和社会服务一体化长效机制，以及通过简政放权的方式激发市场活力。⑤ 孟祥林（2018）指出在区域经济一体化的背景下，武汉需要在"扁担形"的城市空间构架基础上，在腹地内发展"1+5+9"的城市体系。"1"即"1 核"，以武汉为核心，在东西两侧依托孝感、天门、仙桃、潜江、咸宁、黄冈、鄂州、黄石等城市构建"4+4"的"扁担"城市带。"5"即"5 团"——"孝感城市团""麻城城市团""黄冈城市团""仙桃城市团""咸宁城市团"。"9"即"9 线"，依托从武汉出发的 9 条交通干线发展出 9 条城市走廊。⑥ 蒋国勤（2012）指出体育资源一体化发展是促进武汉城市圈区域经济和社会持续、健康、快速发展的内在要求，体育资源一体化可从资源、市场、体制层面进行整合。⑦

---

① 甘文婷．长江中游城市群产业一体化研究［D］．长沙：湖南农业大学硕士学位论文，2017.

② 沈姊文．长江中游城市群基础设施一体化研究［J］．现代商贸工业，2017（7）：6-7.

③ 李云汉，等．城市群综合运输服务一体化问题与对策——以长江中游城市群为例［J］．综合运输，2017（10）：94-99.

④ 蒲丽娟．武汉城市圈经济一体化研究［D］．成都：西南财经大学博士学位论文，2013.

⑤ 王喆．武汉城市圈一体化发展探索［J］．宏观经济管理，2014（4）：64-65.

⑥ 孟祥林．区域经济一体化视域下"大武汉"城市群构建对策分析［J］．现代城市，2018，13（4）：20-27.

⑦ 蒋国勤．武汉城市圈体育资源一体化模式及路径［J］．体育科技文献通报，2012（9）：33-34.

刘嗣明等（2011）认为武汉城市圈在生态环境保护一体化方面存在诸多问题，究其原因多是相关制度无效或者低效。因此，要推进生态环境保护一体化，就必须打破现存的机制障碍，对现行机制进行改革和创新，建立有利于促进生态环境保护一体化实现的体制和机制。① 陈园等（2012）指出卫生一体化建设有利于武汉城市圈的公共服务实现公平、平等。② 朱媛媛等（2014）提出城乡文化融合已成为文化地理学关注的新领域，武汉城市圈城乡文化整合空间格局的演变与其交通可达性呈现空间共轭性分布。③ 饶磊（2013）认为武汉城市圈没有实现城乡一体化的目标，城市圈的组建没有显著提高地方政府基本公共服务水平，也没有缩小城乡收入差距，影响城乡一体化的主要因素是非城市圈的组建。④ 张文（2017）指出产业一体化是提高武汉城市圈经济发展水平的核心，武汉城市圈产业一体化结构仍需完善，产业一体化的实现需要政府的支持。⑤ 张泉（2017）提出，武汉城市圈金融一体化将有利于加快区域经济一体化进程。⑥ 卢新海等（2018）认为武汉城市圈区域一体化影响城市土地利用效率，城市群的经济、市场、社会、生态及空间一体化与城市土地利用效率间存在着长期均衡关系。⑦ 余家祥等（2020）指出交通一体化是区域协同发展的基础，提高武汉城市圈交通一体化发展水平是区域发展的必然要求。⑧

---

① 刘嗣明，杨晓丽．武汉城市圈生态环境保护一体化机制创新研究［J］．发展研究，2011，45（3）：14-17.

② 陈园，张晓燕．卫生服务利用公平性视角下的武汉城市圈卫生一体化建设［J］．卫生经济研究，2012（6）：8-10.

③ 朱媛媛，曾菊新，韩勇，等．武汉城市圈城乡文化整合的时空结构［J］．地理研究，2014，33（10）：1908-1918.

④ 饶磊．区域一体化政策与城乡一体化的实现研究——以武汉城市圈为例的案例分析［D］．南昌：南昌大学硕士学位论文，2013.

⑤ 张文．武汉城市圈产业一体化发展模式与路径研究［D］．武汉：武汉工程大学硕士学位论文，2017.

⑥ 张泉．武汉城市圈金融一体化发展研究［D］．武汉：湖北工业大学硕士学位论文，2017.

⑦ 卢新海，陈丹玲，匡兵．区域一体化对城市土地利用效率的影响——以武汉城市群为例［J］．城市问题，2018（3）：19-26.

⑧ 余家祥，何英，王遥飞，等．武汉城市圈交通运输一体化发展对策研究［J］．中国工程咨询，2020（4）：81-84.

三、长株潭城市群区域经济一体化研究综述

江涌（2009）认为人才是区域经济发展的原动力，长株潭地区的最大优势是人才优势，要实现长株潭区域经济一体化的良性发展，就必须对其人才资源与经济发展进行有效协调、优化与控制。① 雷文亮等（2011）指出推进长株潭区域经济一体化发展，以实现资源的优化配置是建设“两型社会”的重要举措之一。② 李筱青（2011）指出长株潭区域经济一体化对经济增长有很大贡献，要进一步做好区域经济一体化的规划与协调、加强区域经济合作、建立完善的区域竞争合作法规、发展优势产业、促进经济结构转变。③ 吴家庆等（2012）提出长株潭行政管理体制创新是适应区域经济一体化进程中的政府治道变革。长株潭城市群行政管理体制改革的目标，是按照构建公共服务型政府的要求，在组织形式上打破传统的单一政府行政管理模式，使治理的主体既包括政府组织，也包括非营利的社会团体和营利的经济组织，形成长株潭区域政府与经济组织等共同治理的公共管理新格局。④ 胡慧旋（2012）认为长株潭区域经济一体化要以区域规划、体制机制为一体化的突破口，圈层式、等级式扩散为一体化的推进模式，形成管理体系、协调体系、评价体系引导下的城市群一体化制度框架，未来长株潭区域经济一体化发展要与“两型”社会相结合。⑤ 刘华丹（2017）对长株潭一体化水平进行了测度，结果表明 1990—2014 年一体化水平先降后升，除产业一体化水平下降之外，城乡一体化、基础设施一体化、生态环境一体化和市场一体化水平均呈上升趋势。⑥ 汤放华等（2018）指出长株潭城市群区域一体化影响因素逐步由政府力量为主转为市场

---

① 江涌．人才战略与区域经济发展——基于对长株潭区域经济一体化发展的思考［J］．中南大学学报（社会科学版），2009，15（6）：853-858.

② 雷文亮，马骥，彭正亮．长株潭区域经济一体化分析［J］．经济研究导刊，2011（15）：151-153，238.

③ 李筱青．区域经济一体化对长株潭经济增长的影响分析［J］．湖南社会科学，2011（5）：121-124.

④ 吴家庆，卿孟军．长株潭一体化与行政管理体制的变革［J］．湖南师范大学社会科学学报，2012（6）：37-41.

⑤ 胡慧旋．长株潭城市群一体化研究——以“两型社会”为背景［D］．天津：南开大学硕士学位论文，2012.

⑥ 刘华丹．长株潭城市群一体化进程测度与评价研究［D］．长沙：长沙理工大学硕士学位论文，2017.

力量为主，呈现出明显的新区域主义特征。① 李夺等（2016）指出长株潭城市群研究在城市群的范围界定与城市群形成机制、城市群空间结构与空间演化、城市群的产业优化与园区发展、城市群的资源利用与生态保护、城市群的一体化发展与治理模式等方面取得了一定的进展。②

四、环鄱阳湖城市群区域经济一体化研究综述

麻智辉（2006）指出要加快江西在中部崛起，就必须构建以南昌为中心，九江、景德镇、鹰潭为次中心的环鄱阳湖城市群，整合区域内经济、文化、科技和资源优势，加快区域交通、产业、商品、产权、金融、技术、人才、信息市场一体化进程，使之成为中部地区最具竞争力的经济区。③ 江冰（2008）指出良好的综合环境、完善的市场体系和完备的制度保障将有利于环鄱阳湖经济圈的形成与发展，以及区域经济一体化的提升。④ 黄新建（2010）从经济、社会、空间三个方面探讨了城乡一体化的内涵，认为城乡一体化将有利于鄱阳湖生态经济区区域经济一体化的建设。⑤ 徐静等（2010）指出人才一体化可提升区域竞争力，有利于鄱阳湖生态经济区区域经济一体化发展。⑥ 余达锦等（2010）认为以统筹人与自然和谐为原则重点打造生态城镇，制订生态导向的城乡一体化发展规划，将在一定程度上推动鄱阳湖生态经济区一体化发展。⑦

---

① 汤放华，古杰，吕贤军，等．新区域主义视角下长株潭城市群区域一体化过程与影响因素［J］．人文地理，2018（4）：95-101.

② 李夺，任海洋，庄继生．长株潭城市群研究现状及展望［J］．南阳理工学院学报，2016，8（4）：99-102.

③ 麻智辉．环鄱阳湖城市群发展战略构想［J］．江西社会科学，2006（3）：238-242.

④ 江冰．环鄱阳湖经济圈形成与发展实证研究［D］．北京：中国政法大学硕士学位论文，2008.

⑤ 黄新建．加快推进鄱阳湖生态经济区城乡一体化的建设［J］．鄱阳湖学刊，2010（1）：36-39.

⑥ 徐静，等．对鄱阳湖生态经济区人才一体化问题的若干思想［J］．中共南昌市委党校学报，2010（1）：56-58.

⑦ 余达锦，胡振鹏．鄱阳湖生态经济区城镇辐射力模型及其发展研究［J］．华东经济管理，2010，24（1）：15-18.

第三章　区域经济一体化相关理论及其启示

区域经济一体化是当今世界经济的一大显著特征。近年来，以城市群和都市圈为主导的区域经济一体化在我国如火如荼地展开。

传统的经济学理论从产品市场一体化和要素市场一体化的角度为国际区域经济一体化的发展提供了注解，但是如果我们力求更加深入地探究这一趋势背后所蕴含的经济、政治、社会、文化、外交和安全等更为广泛的内容，就需要从经济学、政治学和国际关系等不同学科的视角进行全面的理论分析。

第一节　相关概念的界定

为了透彻理解区域经济一体化的相关理论，就必须首先对区域经济一体化的概念作出准确的界定。在此，我们按照一体化、区域经济一体化的逻辑顺序，层层深入地剖析相关概念。

一、"一体化"的概念界定与内涵

在经济学中，"一体化"最初是指企业之间的联合，即厂商通过协定（agreement）、卡特尔（cartel）、康采恩（konzern）、托拉斯（trust）、兼并（merger）等方式联合而成的产业组织。具体而言，又可分为"水平一体化"（horizontal integration）和"垂直一体化"（vertical integration）两种形式，前者是指生产同类产品且有竞争关系的企业之间的合并，后者是指生产过程中上下游企业之间的结合。国际政治学理论对"一体化"的概念也有不同表述。德国学者贝娅特·科勒·科赫和她的合作者在《欧洲一体化与欧洲治理》一书中把"一体化"定义为："不同的社会、国家及经济体跨越了现存的国家、宪政和经济边界，以和平和自愿的方式所形成的联合。"

二、"区域经济一体化"概念的界定

"区域经济一体化"又称为"区域整合"，是指在经济一体化国家之间或

经济一体化地区之间通过消除贸易障碍，实施自由贸易，保持排他性，以此保障区域内生产要素的自由流动。只要是在一定的有限空间内，以提高区域内贸易自由度来促进区域内资源有效配置为本质，以促进经济的共同繁荣增加人民福利水准为目的，就可以定义为区域经济一体化。①

（一）国外学者对区域经济一体化的界定

丁伯根（Tinbergen，1954）认为经济一体化就是对阻碍经济最有效运转的人为因素进行消除，通过相互协作与统一，缔造最适宜的国际经济结构。②贝拉·巴拉萨（Balassa，1962）指出经济一体化既是一个过程，又是一种状态。就过程而言，它包括各种旨在消除各国经济单位之间差别的举措；就状态而言，则体现在各国各种形式的差别待遇的消失。③ 保罗·斯特里坦（Paul Streeten，1961）指出一体化不应该按手段（自由贸易、统一市场、可兑换性、自由化等）定义，而是应该定义为目的、平等、自由繁荣。④ 平德（J. Pinder，1969）认为经济一体化是指为了使商品和各生产要素在两个或两个以上的国家之间自由流动，各国消除种种歧视，并作出某种程度的政策协调。⑤ Kindleberger 和 Lindert（1978）认为，区域经济一体化是宏观经济一体化、生产要素自由流动和成员国自由贸易的集合，以便实现要素价格均等化。⑥ 彼德·罗波逊（Robson Peter，1982）指出国际经济一体化是手段，不是目的。⑦ 根据 Tinbergen 和 Balassa 的观点，Best（1997）转向时间维度，强调低层次整合是被动整合，经济一体化是以政治一体化为目标的高度整合。⑧

---

① 李瑞林．区域经济一体化效应分析［D］．天津：南开大学博士学位论文，2007.

② Jan Tinbergen. International economic integration［M］. Amsterdam：Elsevier，1954：2-3.

③ Bela Balassa. Theory of economic integration［M］. London：Allen and Unwin，1962：11-13.

④ Paul Streeten. Economic integration：aspects and problems［M］. Leyden：A. W. Sythoff，1961：16.

⑤ 安虎森，李瑞林．区域经济一体化效应和实现途径［J］．湖南社会科学，2007（5）：95-102.

⑥ Kindleberger C.，B. Lindert. 国际经济学［M］．上海：上海译文出版社，1978.

⑦ 彼得·罗布森．国际一体化经济学［M］．上海：上海译文出版社，2001.

⑧ Best，E. Capacities for regional integration：a conceptual framework for comparative analysis［M］//O. H. Madeleine et al. Free trade agreements and customs unions：experence，challenges and constaints. Maasttricht：European Commission，1997：51-75.

这一观点将区域一体化的内涵和概念延伸到了政治方面，更强调政治方面的一体化。① De Lombaerde 等（2008）则提出了一个较为全新的概念，确定了区域一体化的六个模块，即制度化、行动者、结构性因素、实施、效果及相互依存，将区域一体化看成是机构、政治、经济、文化等方面一体化协同推进的进程。②

（二）国内学者对区域经济一体化的界定

国内学者对区域经济一体化概念的界定，主要是在西方概念的基础上进行借鉴与演绎。在比较全面地总结国外关于一体化概念的基础上，学者们结合我国的具体国情，提出了更适合我国发展的区域经济一体化概念。

孟庆民（2001）指出区域经济一体化是指不同的空间经济主体之间为了获取生产、消费贸易等利益而产生的市场一体化过程，这个过程包括从产品市场、生产要素（如劳动力、资本、技术、信息等）市场到经济政策统一逐步演化。③ 孙大斌（2003）指出区域经济一体化是指在主权国家范围内，地缘相连的省区之间、省内各地区之间、城市之间，为谋求发展而在社会再生产的某些领域实行不同程度的经济联合调节，形成一个不受区域限制的产品、要素、劳动力及资本自由流动的统一区域市场的动态过程。④ 王瑛（2005）认为区域经济一体化是指按照地缘关系（如地域、流域等）和经济依存度而形成的跨国或跨地区的经济协作和共同发展的经济联合和联盟。⑤ 千惠雄（2010）指出区域经济一体化的实质是区域内各地区间以市场为纽带，进行分工与协作，在过程上表现为各地区间物质、能量、资本、技术以及人员的流动，最终的结果则表现为各地区生产率、要素收益、产品价格和居民生活水平趋同。⑥ 邹卫星、周立群（2010）认为，区域经济一体化包括基础设施一体化、市场一体化、产业结构一体化、政府职能一体化、投资及环保等其他方面

---

① 付小冬．长三角区域一体化水平研究［J］．管理工程师，2020，25（3）：14-25.

② P. De Lombaerde，G. Pietrangeli and C. Weeratunge. Systems of indicators for monitoring regional integration processes：where do we stand［J］. Integrated Assessment，2008（8）：39-67.

③ 孟庆民．区域经济一体化的概念与机制［J］．开发研究，2001（2）：47-49.

④ 孙大斌．由产业发展趋势探讨我国区域经济一体化动力机制［J］．国际经贸探索，2003（6）：71-74.

⑤ 王瑛．区域经济一体化发展的驱动机制分析［J］．企业经济，2005（4）：144-145.

⑥ 千慧雄．长三角区域经济一体化测度［J］．财贸研究，2010（5）：24-31.

的一体化。① 李雪松、孙博文（2015）从区域经济整合的角度探讨区域一体化的内涵，认为区域一体化是区域经济整合的状态及过程，包括消除贸易壁垒及影响要素自由流动的体制障碍，最终实现要素结构及种类与居民收入水平走向趋同。② 席恺媛、朱虹（2019）从生态环保一体化角度探究区域一体化的内涵，认为更高层次的区域一体化离不开生态领域的协同与合作，生态整合是区域一体化发展的重要组成部分。③

基于上述国内外学者对区域经济一体化概念的界定可以看出，区域经济一体化的概念不断延伸，由最初集中在经济领域的单一视角，后来逐步向市场、政治、文化、生态等方面扩展，区域经济一体化定义的视角越来越多元化，概念也因此越来越丰富，这也进一步说明了区域一体化并不是单一方面的一体化，而是全方位的，具有全面性。无论从哪个角度进行界定，其实质都是在市场经济条件下，毗连的城市或地区，通过加强地区间的分工与协作、增加宏观经济政策的协调性、使资源要素合理自由流动，从而实现资源优化配置，加速产业的优化升级，促进区域经济协作发展，进而以区域整体优势参与外部竞争。

第二节　区域经济增长理论及启示

一、增长极理论

（一）增长极理论的兴起与发展

“增长极”概念是法国经济学家弗朗苏瓦·佩鲁（Francios Perroux）1950年在其论文《经济空间：理论与应用》中首先提出来的，其提出的初衷主要不是为解决区域经济发展问题，而是涉及了一种不同于凯恩斯和熊彼特的新的经济增长理论。增长极概念源于佩鲁提出的“经济空间”。按照佩鲁的观点，“经济空间”是存在于经济要素之间的联系。他认为，经济发展的主要动力是

① 邹卫星，周立群．区域经济一体化进程剖析：长三角、珠三角与环渤海［J］．改革，2010（10）：86-93.

② 李雪松，孙博文．密度、距离、分割与区域市场一体化——来自长江经济带的实证［J］．宏观经济研究，2015（6）：117-128.

③ 席恺媛，朱虹．长三角区域生态一体化的实践探索与困境摆脱［J］．改革，2019（3）：87-96.

创新，而创新倾向于集中在某些特殊的领头产业。一般来讲，这些领头产业增长的速度高于其他产业，是主要的创新源。这种产业最富有活力，佩鲁称之为“活动单元”（active unit）。这种活动单元（产业）对其他产业具有很强的支配效应、连锁效应和推动效应，被称为推动型产业（也就是“增长极”），受增长极影响的其他产业被称为被推动型产业。佩鲁认为，在推动型产业和被推动型产业之间存在着三种效应：一是推动型产业对其他产业的支配效应；二是推动型产业和其他产业之间的连锁效应；三是这种连锁效应产生的乘数效应，通过乘数效应推动其他产业的发展，最终实现均衡发展，即推动效应。这是增长极理论的核心。

佩鲁把经济空间中在一定时期起支配和推动作用的经济部门（产业）称为增长极。作为经济空间的增长极，它不是一个空间区位，而是处于经济空间极点上的一个或一组推动型经济部门，它本身具有很强的创新能力和增长能力，并通过外部经济和产业之间的关联乘数效应推动其他产业增长。因此，作为经济单位的增长极是与主导产业相联系的。

显然，佩鲁最早提出的增长极的内涵，与区域经济发展中的集聚-扩散概念不同，也与缪尔达尔提出的“回波效应”“扩散效应”和赫希曼提出的“涓滴效应”“极化效应”有着本质区别。因为增长极出自经济空间，增长极与其他产业间的相互作用关系是一种经济关系，而不同于区域空间中要素的空间集聚、回流、扩散。另外，增长极对其他产业的推动作用是非对称的，对其他相关产业的成长具有绝对的支配功能。从这个意义上讲，佩鲁的增长极理论是一种发展理论。

之后，佩鲁的增长极理论被改造并应用于区域开发，它被改造成区域经济发展的一种理论，尤其是法国经济学家 J. R. 布代维尔（J. R. Boudeville）将“经济空间中的增长极”改造成“区域空间上的增长极”，这一地域上的增长极被认为是主导推动型产业在空间上的集聚体，甚至进一步完全脱离产业的概念，仅从地理角度，把增长极理论视为某一具有高创新能力、高增长率并能促进周边区域经济增长的中心区位，即增长中心。

（二）增长极演化过程中的两种效应

1. 极化效应

在极点上主导产业和创新企业的建设与发展，对周围地区产生一定的吸引力和向心力，周围地区的劳动力、资金、原材料与初级产品等资源被吸引到极点上来，随之对外区也能产生一定的吸引力；外区资源、人才、技术、产品以及建设项目也被吸引到极点，形成大量的外部投入。在主导产业及有创新能力企业的周围集聚了许多与之相关的产业、企业群，从而极点的经济活力、人口规模迅速扩大，这个过程就是极化效应。极化效应产生的影响有：一是使极点形成自我发展能力，不断积累有利条件，为自己进一步发展创造了条件；二是产生了巨大的规模经济效益，从而增强了外部竞争能力。需要说明的是乘数效应强化了极化效应。

因此，极化效应是增长极形成的首要标志。但极化效应并不是无限的，在极化效应发挥作用的过程中，同时也积累了制约因素。一是受“收益递减”规律的作用，企业的边际效益达到最高点以后开始下降，从而对投入的吸引力减小；二是地域范围是有限的，发达地区的空间容量、环境容量和经济容量是有限的，极化到一定程度后，进一步极化就会导致城市病的产生。这两方面的制约因素会削弱极化效应而增加扩散效应。

2. 扩散效应

在一定区域内增长极一旦形成，便可通过人才、信息、产品、资金的流动，将其经济动力和创新成果扩散到广大腹地，促使腹地的经济增长，从而使整个经济通过增长极的带动呈跳跃式增长。

（三）启示

从以上的分析中我们得出如下启示。

（1）佩鲁提出的经济空间是一个抽象的概念，即一种受力场，是存在于经济要素之间的关系，如任何区域各种产业之间的经济联系或产业的投入产出链，都可以形成佩鲁空间。这种空间是无形的，非实体的，不稳定的。因此，佩鲁空间不具有几何规定性，在此空间中无法进行量算和对比。佩鲁所说的平庸的地理空间主要与地表赋存物质的自然广延状态有关，因此是有形的，相对稳定的，具有几何规定性。其实，我们平时所说的空间，都是指经济地理复合空间。在这个复合空间中，经济空间依附于地理空间而存在，地理空间充当着物质依托，这种复合空间才具有几何规定性，只有在这种空间中我们才可以考察各种经济要素之间的相互联系与运动，各种物质流、资本流、劳动力流、技术流、信息流等也只有在这种空间中才能形成。如果没有资源要素的相互组合和运动，将无法讨论增长极（发展极）的极化效应和扩散效应。

（2）增长极理论的形成是有一定的时代背景和区位背景的，它是主要针对经济发展步入成长阶段或成熟阶段的区域而言的。因此，应用增长极理论来指导区域经济发展，有一定前提和适用范围。一般来讲增长极理论适合于如下情况的区域，即区域产业之间基本上形成投入产业链，区域各种基础设施已基本具备，城镇体系也基本形成或正在形成。由于增长极理论适用上的前提和限制条件，该理论不适合贫困落后地区，不能用来指导贫困落后地区的经济发展。

（3）在进行长江中游城市群区域经济一体化研究时，由于湘、鄂、赣三省特殊的地理位置和资源禀赋差异，我们可以将省会城市看作本区域的增长极，依据增长极理论的极化效应和扩散效应，让经济较发达地区优先发展，从而带动周围落后地区的经济发展。

二、平衡增长理论

（一）三大代表性理论

平衡增长理论（balanced growth theory）是以20世纪30年代末英国经济学家哈罗德（R. Harrod）和美国经济学家多马（E. D. Domar）的新古典经济增长模型为理论基础发展起来的。平衡增长理论主张在整个国家经济各个部门中同时进行大规模投资，以此来彻底摆脱贫困落后状态，被称为大推进理论（big push theory）。其中代表性的理论有极端的平衡增长理论、温和的平衡增长理论和完善的平衡增长理论。

1. 极端的平衡增长理论

极端的平衡增长理论主张对各工业部门同时按照同一比率进行大规模投资，依次克服经济中存在的不可分割性，使整个工业按同一速度全面增长，以达到实现工业化的目标。这一理论的代表人物是罗森斯坦-罗丹（Rosenstein-Rodan），他在1943年发表的《东欧和东南欧国家的工业化问题》的论文中，论证了工业化是经济增长的发动机，认为落后的国家要从根本上摆脱贫困，就必须在国民经济的各个部门大规模全面投资，建立一个工业化体系，从而成为平衡增长和大推进理论的积极倡导者。①

大推进理论的核心是外部经济效应，即通过对相互补充的部门同时进行投资，一是可以创造出互为需求的市场，解决因市场需求不足而阻碍经济发展的问题；二是可以由于投资、生产或产出的不可分性产生外部经济效应，即一个部门和企业的投资和发展为其他部门和企业的发展提供了良好的外部条件，处

① Rosenstein-Rodan. Problems of industrialization of Eastern and South-Eastern Europe [J]. Economic Journal, 1943, 53 (210/211): 202-211.

于市场不景气、贸易条件对低收入国家不利的环境下，低收入国家要获得投资的不可分性所产生的规模收益，要把投资不可分性形成的外部经济效应内在化，就必须建立一个全面发展的工业体系；三是可以降低生产成本，增加利润，提高储蓄率，进一步扩大投资，消除供给不足的瓶颈。

2. 温和的平衡增长理论

温和的平衡增长理论主张对工业、农业、外贸、消费品生产、资本品生产和基础设施等国民经济各个部门同时按不同比率进行大规模投资，以摆脱贫困恶性循环，使整个国民经济各部门按照不同的比率全面发展，从而实现工业化。这一理论的主要代表人物是美国经济学家纳克斯（R. Nurkse）。他在1953年出版的《不发达国家的资本形成问题》以及后续发表的论文中，提出发展中国家应该实行平衡增长发展战略。①

纳克斯从“贫困的恶性循环”的概念出发，论证了发展中国家实行平衡发展战略的必要性。他认为，发展中国家之所以贫困，是因为它们陷进了一个“贫困的恶性循环”之中。从供给的角度看，这种循环表现为：储蓄率低和资本积累率低是由于收入水平低，低收入是由于生产率低，而生产率低在很大程度上是资本不足引起的，如此循环下去，形成一个恶性怪圈。从需求的角度看，这种循环表现为：低收入导致对总产出的市场需求不足，有效需求不足又限制了生产和投资，生产和投资不足又反过来限制收入和市场需求，如此循环下去不可自拔。要打破这种恶性循环，就必须有一种大推进的力量，将经济从贫困的怪圈中推出来，从而进入稳定增长的轨道。

纳克斯认为，出口导向的扩大市场需求战略并不是发展中国家摆脱贫困陷阱的有效途径。在发展中国家的“贫困恶性循环”中，关键性的问题是生产率水平低下引起人们贫困，导致购买力不足和市场狭小，对私人投资和经济增长造成限制，解决问题的关键是实施平衡发展战略，即同时在各产业、各地区之间形成相互支持性投资的格局，不断扩大需求。因此，平衡发展理论强调产业间和地区间的关联互补性，主张在各产业、各地区之间均衡部署生产力，以实现产业和区域经济的协调发展。

3. 完善的平衡增长理论

完善的平衡增长理论是一种折中的平衡增长理论。它介于极端的平衡增长理论和温和的平衡增长理论之间，并综合了它们各自的特点而形成。这一理论的主要代表人物是斯特里顿（P. Streeten）。

---

① 纳克斯．不发达国家的资本形成问题［M］．北京：商务印书馆，1966.

斯特里顿一方面强调大规模投资对克服供给方面的不可分性和需求方面的互补性的重要作用，指出大规模投资于国民经济各部门对保持各部门平衡增长的重要性；另一方面，他也主张依据各产业部门产品的收入弹性和价格弹性，确定对各产业部门不同的投资比率和增长率，通过部门之间不同比率的增长来实现平衡增长。可见，他的理论综合了罗森斯坦-罗丹和纳克斯的理论特点，把平衡增长作为长期目标和过程，把不平衡增长作为实现平衡增长的手段和短期过程。因此，完善的平衡增长理论是一种动态的平衡增长理论。

斯特里顿认为，由于发展中国家居民消费水平普遍较低，存在着一种"欲望合成代谢"，即当居民的某些基本欲望满足之后，会随即产生新的欲望，所以各部门的同时发展和产出的同时增长并不能一次性地永远解决有效需求不足的问题。这是因为，有些部门或产品的需求暂时得到满足，市场需求扩大后，会因为人们的欲望转变和需求转移而重新引起对它的有效需求不足，而其他部门的有效需求却出现过剩。为克服这一矛盾就应当把投资集中起来，优先发展某些主导部门，以实现不平衡增长。①

（二）启示

从以上的分析中可以得到启示：平衡增长理论的出发点是为了促进产业协调发展和缩小地区发展差距，但是一般区域通常不具备平衡发展的条件，欠发达地区不可能拥有推动所有产业同时发展的雄厚资金，如果少数资金被分散投放到所有产业，则区域内优势产业得不到保证，不能获得好的效益，其他产业也不可能发展起来。即使发达区域也由于其所处的区位以及拥有的资源、产业基础、技术水平、劳动力等经济发展条件不同，不同产业的投资会产生不同的效率，因此也需要优先保证具有比较优势的产业的投资，而不可能兼顾到各个产业的投资。所以平衡增长理论在实际应用中缺乏可操作性。

三、不平衡增长理论

（一）产生背景

针对平衡增长理论的缺陷与不足，赫尔希曼等人提出了区域经济不平衡增长理论（unbalanced growth theory）。赫尔希曼在1958年出版的《经济发展战

① 斯特里顿，宋承先．不平衡增长［J］．现代外国哲学社会科学文摘，1963（10）：11-17.

略》一书中，不仅指出了平衡发展战略受到资本、资源不足的限制，发展中国家很难在短时间内筹集到大量的资金，而且指出了发展中国家最为稀缺的是企业家资源，缺少能够把储蓄转变为投资的机制和能力。赫尔希曼同意发展中国家必须进行大规模投资来突破贫困的恶性循环的观点，但认为把投资分散到各个部门的平衡发展战略不能解决投资决策机制问题。① 一个经济发展战略必须首先解决投资决策机制问题，才有可能使有限的资源得到有效的配置，推动经济增长和发展。

（二）两个原理

1. “引致投资最大化”原理

赫尔希曼把经济投资活动区分为“社会预摊资本”投资活动和“直接生产性活动”两类。“社会预摊资本”是指用于基础设施的投资，具有不可分性、高资本产出比和投资效益低等特点。“直接生产性活动”是指直接投资于工业、农业等生产部门中的投资行为，具有直接增加产出和收益的特点。这两类投资活动都是经济增长所必需的，但在资源不足的限制下，发展中国家没有足够的资源同时投资于两类部门，因而必须在两者中做出选择，以决定发展的先后顺序。

如果优先发展“社会预摊资本”投资活动，即有限发展公共交通、通信设施、供电供水、学校等基础设施，就为“直接生产性活动”创造了一个宽松的外部经济环境，降低了私人投资的直接成本，对私人投资产生某种引诱力量，从而起到引致投资的作用。这是一种“超能发展”的不平衡发展战略。

如果优先发展“直接生产性活动”，即优先发展制造业、加工业、农业等生产部门，就会出现社会基础设施不足，如交通堵塞、电力、水利供应不足等，私人工业可能要为应付社会基础设施不足带来的问题而增加额外投资，或者要忍受生产能力不能得到充分利用的损失。这是一种“短缺发展”的不平衡发展战略。

赫尔希曼认为，两种不平衡发展顺序的根本区别在于引致投资的方式不同，优先发展“直接生产性活动”的诱导方式带有强迫性，对整个投资决定形成更大的刺激和压力，促使政府和公众作出投资决策。因此，优先发展“直接性生产活动”的发展战略不仅能促使一个经济更有效地利用稀缺的资源，而且能够培育短缺的投资决策机制，充分动员社会现有的潜在储蓄，把它

① 赫尔希曼．经济发展战略［M］．北京：经济科学出版社，1992.

们转变为投资，达到引致投资最大化。

2. “关联效应”原理

所谓“关联效应”是指国民经济各个产业之间存在的相互依赖和相互影响的关系。关联效应区分为“前向关联”和“后向关联”。一个产业的“后向关联”是指该产业与为它提供各种中间投入的部门之间的相互依赖和影响的关系，如建筑产业的后向关联产业是钢铁、水泥等产业；一个产业的“前向关联”是指该产业与吸收它的产出作为中间投入的产业间的相互依赖和影响关系，如建筑产业的前向关联产业是室内装修、旅馆服务等产业。由于产业之间内在关联的存在，一个产业的一次投资会通过关联效应机制传递到其他产业，从而引起这些产业的连锁投资。

赫尔希曼认为，根据“引致投资最大化”原则，发展中国家应该精心选择和优先发展国民经济产业结构中关联效应最大的产业。他认为，一个产业的关联效应应该用该产业的需求价格弹性和需求收入弹性来测量。一个产业的需求价格弹性和需求收入弹性越大，表明该产业的关联效应越大，反之亦然。

不同国家、不同发展时期具有最大关联效应的产业不同，应该借助于各种统计工具，对一个国家的具体情况进行认真深入的研究，以判断出哪个部门的关联效应最大，从而优先发展。

（三）启示

从以上的分析中我们可以得到如下启示。

关于赫尔希曼的不平衡增长理论，从实践和操作的意义上看，如何选择最合适的部门和产业进行投资决策，创造一个适度的不平衡状态，是实施不平衡发展战略的一个不容易解决的基本问题。

发展中国家不仅在资本需求方面，而且在资本供给方面同样存在问题。赫尔希曼的不平衡增长理论仅仅强调资本需求方面的问题，希望通过不平衡增长战略克服来自资本需求方面对发展的障碍，没有关注供给方面如严重投资不足的难题，从这个意义上讲，不平衡增长理论没有突破平衡增长理论的弱点。不平衡增长理论的另一个严重的不足是忽视发展中国家农业部门在经济发展中的潜力和比较优势。赫尔希曼相信，农业的关联效应相当小，但农业在欧洲、日本经济发展中的作用是有目共睹的。毫无疑问，农业部门的发展能够产生巨大的溢出效应，为其他部门的发展提供廉价的粮食、原材料、外汇收入和广阔的市场。

从表面上看，平衡增长理论和非平衡增长理论是互相对立的，但实际上，两者只是从不同的角度、不同的时期和不同的阶段来考虑问题而已，如果对两种观点加以若干限定，可以发现两者实际上是互相补充、相辅相成的。

在方法论上，平衡增长理论和非平衡增长理论都假定存在一个经济增长的最优经济结构。平衡增长理论认为一开始就追求增长的结构平衡，才能使经济发展走向坦途；非平衡增长理论为平衡增长的发展过程施加了一个资本限制。在资本存量供给不足、储蓄率低的条件下，平衡增长所需的资金支持无疑不能获得。在资本供给有限的条件下，可以通过选择产业部门中关联效应最大化的部门作为投资切入点，通过不平衡增长的过程以逼近最优经济结构。

在经济发展初期阶段，考虑到如何把有限的资源分配到最优生产潜力即关联效应最大的产业部门中，通过这些部门的优先发展来克服经济发展的瓶颈问题，并由此带动其他产业的发展，这适宜采取不平衡发展战略。当经济发展进入高级阶段，从工业化和加快经济发展速度的角度来考虑，国民经济各部门应该保持一定的比例关系，协调发展平衡发展战略又势在必行。有的经济学家尽管强调不平衡发展战略，但是目的还是要实现更高层次和更高水平的平衡增长。平衡增长是目标，不平衡增长是手段。赫尔希曼指出，在经济发展的高级阶段，引起平衡增长的可能是过去不平衡增长的经历。辛格（H. N. Singer）指出，当从不平衡增长开始时，为了接近平衡增长，就需要进一步的不平衡增长。斯特里顿也认为，平衡增长和不平衡增长之间的选择，是在不同长度的时期内的平衡之间的选择。总之，平衡增长理论和不平衡增长理论之间并没有本质区别，只是时间长短的区分，即短期内才有不平衡增长，长期内只有平衡增长，短期的不平衡增长是实现长期平衡增长的手段。值得注意的是，当一个区域经济增长出现衰退征兆时，如果能够及时采取有效的工业化结构调整政策，就可以防止出现进一步的衰退，使经济增长维持稳定，甚至有可能促进经济进入新的增长时期。

第三节　区域经济发展理论及启示

一、区域分工贸易理论

（一）区域分工贸易理论的演化与发展

由于对经济利益的表现形式及其作用于区域分工的方式的认识有所差异，古典政治学家提出了不同的分工理论。这些分工理论最早是针对国际分工与贸易提出的，后来被区域经济学家用于研究区域分工。早期的分工理论主要有绝对利益理论、比较利益理论与要素禀赋理论等。20 世纪中期以来，区域分工理论得到了进一步的发展。

1. 绝对利益理论

绝对利益理论（absolute advantage theory）源于西方古典政治经济学家亚当·斯密（Adam Smith）的分工学说。亚当·斯密与大卫·李嘉图都是自由贸易的倡导者。他们从不同的角度阐明了自由贸易的优点。18 世纪后期，英国处于手工业向大工业过渡时期，迫切需要一个自由的经济学说体系。1776 年亚当·斯密出版了著名的《国民财富的性质和原因的研究》，在这本书中，他首先讨论的是分工，他认为“劳动生产力上最大的增进以及运用劳动时所表现的更大的熟练、技巧和判断力，似乎都是分工的结果”。他从一般的制造业工厂内部的分工开始，进而分析了国家和整个社会的分工。他认为国与国之间应按绝对优势分工。“只要甲国有此优势，乙国无此优势，乙国向甲国购买，总是比自己制造有利”。亚当·斯密认为贫国在农业方面有竞争力而在制造业方面竞争不过富国。他认为分工的原因是人类所特有的“交换倾向”，即“互通有无、物物交换、相互交易”，但分工要受市场范围的限制。斯密的分工思想也适用于区域分工。区域绝对利益理论认为，任何区域都有其绝对有利的生产条件，若按绝对有利的生产条件进行分工，然后进行区域交换，会使各区域的资源得到最有效的利用，从而提高区域劳动生产率，增进区域利益。

2. 比较利益理论

比较利益理论（comparative advantage theory）源于古典政治学家的集大成者大卫·李嘉图（David Ricardo）的国际分工理论。1817 年李嘉图出版著名的《政治经济学及赋税原理》。在该书中，他提出了比较利益理论，解决了斯密理论中无法解决的问题。他的基本论点是：在所有产品生产方面具有绝对优势的国家没必要生产所有产品，而应在多种产品中择优，即选择生产优势最大的那些产品进行生产；在所有产品生产方面处于劣势的国家也不能什么都不生产，可以选择不利程度最小的那些产品进行生产。这就是所谓的“两利相权取其重，两害相权取其轻”。这两类国家经过分工与贸易都可以获取比较利益。

3. 要素禀赋理论

区域比较优势是客观存在的，然而，区域比较利益理论不能说明为什么各个区域在某种商品生产上具有比较优势。瑞典经济学家赫克歇尔（E. F. Hecksher）与他的学生俄林（B. Ohlin）在探讨这一问题时提出了要素禀赋理论（factor endowment theory），又称要素比例理论（factor proportions theory），或者简称“H-O 模型”。他们认为各国或各区域的资源禀赋不同，即生产要素的供给状况不同，是产生国际或区际分工和国际或区际贸易的基本原因。

赫克歇尔 1919 年在一篇论文中提出，产生比较成本差异有两个前提条件：(1) 各区域生产要素禀赋不同；(2) 不同商品生产需要不同的生产要素组合。这是要素禀赋理论赖以建立的两个基本事实。俄林接受了赫克歇尔的这一观点，于 1933 年出版了《地区间贸易和国际贸易》一书，对这一理论进行了阐述。俄林认为，每一区域最适宜生产那些所需生产要素在该区域价廉且比较丰富的产品，而最不适宜生产需要某些要素多且这些要素在该区域赋存量少甚至没有的产品。通常所说的“扬长避短，发挥优势”就是要素禀赋理论所阐述的基本思想。根据产品所含生产要素不同，可把商品大致分为劳动密集型、资源密集型、资本密集型和技术密集型等几类。区际贸易以要素禀赋的密集区为中心流向要素稀缺的区域。①

（二）启示

城市群是由城市（区域）构成的，上述几种区域分工贸易理论都对城市群的建立和发展有启发意义。特别是比较利益理论、要素禀赋理论，既有较强的解释力，也有较强的指导意义。

另外，城市群也是一种区域，并且是开放的。区域分工贸易理论也适用于某个城市群与其他城市群。在当前中央倡导构建以国内大循环为主体、国内国际双循环相互促进的新发展格局的大背景下，城市群不能只进行群内小循环，必须融入国内大循环，否则就会成为“死循环”。

二、城市群理论

（一）国外城市群理论的兴起

1939 年德国著名经济学家勒施最早提出城市经济圈模式，为现代城市群经济的发展奠定了重要的理论基础。在《经济空间秩序》一书中，他论述了城市在区域经济发展中的重要地位和作用，并进一步揭示了城市经济圈的形成过程。他指出，随着经济的发展，按照市场经济规律的作用，以大城市为中

① 俞进．融合国际贸易和直接投资理论：以国际分工为基础［J］．华东师范大学学报（哲学社会科学版），2002.

心，先形成单一的城市市场区域，以后又逐渐发展为市场网络，进一步再发展为以城市为中心的大城市圈经济。城市圈经济理论把城市化与工业化有机结合起来，意在推动经济发展在空间上的协调，对发展城市和农村经济、推动区域经济协调发展和城市的协调发展，都具有重要的指导意义。

最早为“大都市带”这一城市现象命名的是法国城市地理学家戈特曼（Jean Gottmann），他在1957年借用希腊语中的“megalopolis”（意为巨大的城市）一词来描述美国东北部大西洋沿岸的特大都市区，将由若干大都市区连城一片的地带称为“大都市带”。

（二）城市群理论在中国的传播

国内将“megalopolis”译作“城市连绵区”“城市带”“城市群”等。城市群理论成为区域经济发展的基础理论之一，并在全世界被广泛运用，作为衡量一个国家或地区经济和社会发展水平的重要标志。当时戈特曼是把美国东海岸5个大城市连成的一个3000万人口的地区总称为大城市群，但他没有对城市群进行一般性的定义。他发现，在这一巨大的区域内，支配空间经济形成的已不再是单一的大城市或都市圈，而是聚集了若干个都市圈，并在人口和经济活动等方面有密切联系的巨大整体。其基础功能是汇集人口、物资、资金、信息等各种要素，主宰着国家经济、文化、金融、通信和贸易等方面的主要活动和发展政策的制定，甚至成为影响全球经济的主要力量。同时，其高密度的要素聚集还导致各种创新活动的出现，使各种新思想、新技术不断涌现，从而拥有对其他地区具有试验和导向意义的孵化器功能。

现在我们对城市群的定义是指在特定的地域范围内具有相当数量的不同性质、类型和等级规模的城市，依托一定的自然环境条件，以一个或两个特大或大城市作为地区经济的核心、借助于现代化的交通工具和综合运输网的通达性，以及高度发达的信息网络，发生与发展着城市个体之间的内在联系，共同构成一个相对完整的城市集合体（姚士谋，2001）。这种城市群或城市带具有产生集聚效应的制造业产业链和集约化的永久性城市社区居民群体。

随着时代的发展，对城市群经济的研究所具有的理论意义和现实意义引起了国内外学者的高度重视。在我国20世纪90年代初，许多学者就城市空间扩展和城市群发展的基本理论与发展趋势进行了分析研究。北京大学周一星教授将这一类城市群体的巨大地域组织命名为都市连绵区。目前我国已经有若干明显的城市群，如长三角、粤港澳大湾区、成渝城市群、长江中游城市群和中原城市群等。

（三）启示

我们今天所说的“城市群”已不限于戈特曼所研究的概念，而是要探讨经济全球化、信息化时代新的制造业发展模式下的城市群发展，其内涵在生产力与发展模式上都已经发生了巨大的变化。但是，戈特曼的城市群理论，紧紧抓住以大城市为中心，以信息交易为主的服务性活动，十分符合现代城市发展的方向。

2018年11月18日，中共中央、国务院发布《关于建立更加有效的区域协调发展新机制的意见》，明确提出“建立以中心城市引领城市群发展、城市群带动区域发展新模式，推动区域板块之间融合互动发展”。这说明，几十年来城市群理论在中国得到有效传播并得到高层认同。中央将“城市群带动区域发展”定为新模式，标志着有关城市发展和区域发展认识的新突破，对当今中国城市群发展具有重要理论启发性和现实意义。

第四节　区域间经济发展关系理论及启示

一、梯度转移理论

（一）梯度转移理论的兴起

从生产布局学诞生之日起，梯度就被广泛用来在地图上表现地区间经济发展水平的差别，以及由低水平地区向高水平地区过渡的空间变化速率。在现代生产布局研究中，各国普遍遇到的一个问题是地区间经济发展不平衡。为了解决这个问题，就需要绘制地区经济发展梯度图，表明在国家或地区范围内经济发展水平由高到低的梯度发展状况。

梯度转移理论，源于弗农等人提出的工业生产生命周期阶段理论。该理论认为，工业各部门和各种工业产品，都处于生命周期的不同阶段，即经历创新、发展、成熟、衰退四个阶段。此后，威尔斯和赫希哲等人对该理论进行了验证，并做了完善。区域经济学者将这一理论引入区域经济学中，便产生了区域经济发展的梯度转移理论。其主要论点有：

（1）区域经济的盛衰主要取决于它的产业结构优劣，而产业结构优劣又取决于地区经济部门，特别是主导产业部门在工业生命周期中所处的发展阶段。如果一个地区的主导产业部门主要是由处在创新阶段的兴旺部门所组成，就会带来该区域经济的高速增长和人均收入水平的快速上升，这种地区应是经济发展的高梯度地区；反之若该地区的主导产业部门多是一些处于衰退阶段的部门，则必然是经济增长缓慢，人均收入水平下降，因而是经济发展的低梯度地区。

（2）创新活动，包括新产业部门、新产品、新技术、新的生产管理与组织方法等大都发源于高梯度地区，然后随着时间的推移带来的生命循环阶段的变化，按顺序逐渐由高梯度地区向低梯度地区转移。

（3）梯度转移主要是通过多层次城市系统扩展开来。创新在空间上的扩展主要有局部范围与大范围两种形式。局部范围的扩展指的是创新活动由发源地大致按距离远近向经济联系比较密切的临近城市转移。这种转移可能是因为创新多源于城市密集带的中心城市。由于社会上对新产品的需求增大，创新地区已经没有能力单独把生产发展到能够充分满足需要的水平时，邻近的城市就会凭借近水楼台之便，把这种产品的生产接过来。这时，即使它们本身存在不足，比如说，技术力量薄弱，协作条件不完全具备，也可以靠与创新地区之间已建立起的密切关系和协作来求得问题的解决。

大范围的扩展则是指创新活动由发源地按全国行政区域城市系统顺序蛙跳式地向广大地区扩展。这时决定转移取向的就不是距离的远近，而是接受新事物能力的差距，而梯度划分正是这种差距的反映。只是处在第二梯度的城市才有能力很快接受并消化发源于第一梯度的创新产业部门或创新产品，才有能力把这些产品更广泛、深入地销售到它们各自控制的市场中。同理，以后随着产品生命的成熟与老化，它们的生产还会顺序地向第三梯度、第四梯度上的城市转移，甚至还会由城市向城镇、农村转移。农村地区的许多创新（主要是在农林牧业生产及其产品加工等方面）也往往是先反馈到城市系统中，然后通过这个系统扩展到全国有需要的地区。

（二）对梯度转移理论的进一步研究

梯度转移理论一开始曾是一种静态定位理论。但实践证明这是错误的，由于资本主义发展的不平衡，无法把某个国家（地区）固定在特定的梯度，这促使人们进一步研究造成区域发展梯度变化的原因及其变化趋势。在有关方面的研究中，最有权威的是瑞典经济学家缪尔达尔（G. Mydral）的“循环累积因果论”。根据这种理论在地区经济发展中有三种效应同时起作用，这就是极化效应、扩散效应和回波效应，它们共同制约着地区生产分布的集中与分散情况。①

1. 极化效应促使城市带的发展梯度上升

缪尔达尔认为一个地区只要它的经济发展达到一定水平、超过了起飞阶段，就会具有一种自我发展的能力，可以不断地积累有利因素，为自己进一步发展创造条件。在市场机制的自发作用下，发达地区越来越富，落后地区越来越穷，形成两极分化。其形成的原因有以下几点。

一是经济发达的高梯度地区在经济发展中积累了巨大优势，如强大的科技力量、便捷的交通通信系统、完备的基础设施、优越的生产协作条件、雄厚的资本和集中的消费市场，再加上技术进步、工业布局指向性的变化，更进一步突出了发达地区的优势；二是一个地区的经济发展水平越高，就越有可能从规模经济和集聚经济中获得收益，从而提高自己在市场上的竞争力；三是乘数效应进一步促使生产分布的极化，由于产业集聚，势必要求一些为其服务的生产性及非生产性服务业在该地区相应发展，这就引起该地区人口的增长，而人口的增长又推动了服务行业的加速发展，这种乘数效应一轮又一轮的作用进一步推动了两极分化。

2. 扩散效应在一定程度上促进了较低梯度国家与地区的发展

极化效应的对偶效应是扩散效应。一个地区经济发展梯度上升，就会产生对周围地区经济发展的带动作用。扩散效应首先在一些相对条件较好的交通线或点上起作用，形成一批中小城镇，它们达到一定规模后，在规模经济、集聚经济及乘数效应的作用下会进一步扩大，甚至有形成新城市的可能（形成点轴系统）。

扩散效应主要表现在以下几个方面。（1）使经济不发达的低梯度地区的初级产品、初级产业发展；（2）产业变迁与转移在动态发展中丧失比较效益或因过度集聚而不经济的产业会逐步向经济不发达的低梯度地区转移，如简单劳动密集型产业向外扩散；（3）经济不发达的低梯度地区旅游业等第三产业发展；（4）高梯度地区税收增加，国家通过财政转移支付支持落后地区发展；（5）一些污染严重的产业“外流”或分散到经济不发达的低梯度地区。

3. 回波效应遏制低梯度地区的发展

回波效应是扩散效应的对立物，主要表现在：（1）阻碍不发达地区的资

---

① 杨龙岗．中国非均衡经济研究——基于缪尔达尔“循环累积因果论”的视角［D］．厦门：厦门大学硕士学位论文，2014.

本积累，即在扩散效应的作用下，发达地区向不发达地区投放了大量的资本，到期要还本付息并支付利润，如果不发达地区未能改善投资环境，消化吸收转移技术，这时就会有大量资本回流到发达地区；（2）人才流到发达地区，使不发达地区缺乏人才；（3）竞争能力无法与发达地区抗衡，若有些地区的扩散效应大于回波效应，就会获得发展。

（三）梯度转移理论在中国的发展

20 世纪 70 年代末 80 年代初，梯度转移理论被引入我国总体布局与区域经济研究中，我国学者也提出了一些新的空间转移理论，如反梯度理论、并存论、主导论等。

1. 反梯度理论

这个理论认为现代技术转移有两个特点：其一，技术按现有生产力发展水平转移，这是常规的梯度转移；其二，超越现有水平的跳跃式发展，因此，按现有的生产力发展水平进行的梯度推移顺序，不一定就是引进先进技术和经济发展的顺序，这一顺序要由经济发展的需求与可能来决定。且具备必要的条件，就可以引进先进技术，进行区域经济开发，而不论该区域处在哪个发展梯度上。落后的低梯度地区可根据自己的实际情况，直接引进世界上最新技术，发展高新技术，实行超越发展，进行反梯度转移。

2. 并存论

该理论认为空间转移可以分为三种类型：一是纯梯度转移模式；二是纯跳跃模式；三是混合模式。这三种类型都起作用，但在不同时代、不同国家，三者作用的大小不同。在生产力低下的时代，由于空间转移规模较小，速度很慢，因此纯梯度转移模式作用明显，随着生产力的发展，特别是运输、通信手段的现代化，技术空间转移的规模大大扩大，转移的速度大大加快，这时纯跳跃式就起主导作用。在同一个历史时期内，发达国家以纯跳跃式为主，发展中国家以纯梯度转移模式为主。

3. 主导论

该理论认为存在着反转移的现象，但是无论是在什么历史时期，在任何一个国度，起主导作用的仍然是纯梯度转移模式。

（四）启示

从以上的分析中可以得到如下启示。梯度转移理论也有一定的局限性，主要是难以科学划分梯度，有可能把不同梯度地区发展的位置凝固化，造成地区间的发展差距进一步扩大。但是，这种以地区之间的差距来划分梯度的梯度转移理论正好符合现在长江中游城市群区域的发展情况，沿江地区以及交通发达地区经济发展比内陆明显快了许多，我们可将湘、鄂、赣三地看做一个不可分割的整体，根据它们各自经济、社会发展的优劣势情况来划分梯度，在极化效应、扩散效应、回波效应的作用下，促进三地经济共同发展。

二、中心-外围理论

（一）中心-外围理论的提出

中心-外围理论有时也被称为核心-边缘理论或中心-边缘理论，首先由劳尔·普雷维什（R. Prebisch）于20世纪40年代提出，主要是阐明发达国家与落后国家的中心-外围不平等体系及其发展模式与政策主张。① 不少学者使用了“中心”和“外围”这一对概念来分析发达国家与不发达国家的经济贸易格局，并提出了解决它们之间不平等关系的政策设想，如美国经济学家刘易斯的中心边缘理论就是其中之一。“中心”“外围”的概念和分析方法后来被引入区域经济的研究中，融入了明确的空间关系概念，形成了解释区域之间经济发展关系和空间模式的中心-外围理论，其中，美国学者弗里德曼（J. R. Friedman）在1966年出版的《区域发展政策》一书中提出的中心-外围理论较具代表性。

弗里德曼认为，在若干区域之间由于多种原因个别区域会率先发展而成为“中心”，其他区域则因发展缓慢而成为“外围”。中心与外围之间存在着不平等的发展关系。总体上，中心居于统治地位，而外围在发展上则依赖于中心。中心对外围之所以能够产生统治作用，原因在于中心与外围之间的贸易关系不平等，经济权利因素集中在中心，同时，技术进步、高效的生产活动以及生产的创新等也都集中在中心。中心依靠这些方面的优势从外围获得剩余价值，外围则面临相应的压力，如中心工资水平的提高就会使外围面临相应提高工资的压力，或者是被迫增加出口以弥补进口增长所造成的资金压力。因此，外围的自发性发展过程往往困难重重。更重要的是，中心与外围的这种关系还会因为推行的有利于中心的经济和贸易政策，使外围的资金、人口和劳动力向中心流动的趋势得以强化。可见，中心与外围之间构成了不平等的发展格局。

---

① Raúl Prebisch. Commercial policy in the underdeveloped countries [J]. American Economic Review, 1959 (49): 251.

（二）中心-外围理论的深化

1967年弗里德曼在《极化发展理论》中，又进一步将“中心-外围”这个具有鲜明特色的空间极化发展思想提炼为一种普遍适应于发达国家与发展中国家空间规划基础的一般理论模式。他对中心与外围关系的进一步研究指出，中心的发展与创新有很大的关系，在中心存在着对创新的潜在需求，使创新在中心不断出现，创新增强了中心的发展和统治地位。同时中心区域的成长推进了相关空间系统的发展。然而中心区和外围区之间差距的扩大也激化了各种矛盾，除非这种矛盾能通过核心区扩散效应的加速或外围区对核心区依附性的减弱而得以缓和，否则它会阻碍中心区域的发展。他还认为有六个自我强化、反馈的效应支持了中心区成长。它们分别是主导效应、信息效应、心理效应、现代化效应、连接效应和生产效应。主导效应就是外围的自然、人文和资本资源向中心的净转移。信息效应是中心内部潜在相互作用的增加。心理效应是创新的成功对更多创新的刺激作用。现代化效应是中心为适应创新而发生的社会价值观念和行为方式的转化。连接效应是一个创新引起新的创新的趋势。生产效应是为创新而提供有吸引力的结构支持，包括经济规模的增长和专业化。信息效应和心理效应常常与主导效应相伴随，而现代化效应则与连接效应和生产效应密切联系。在这些效应的作用下，中心不断成长。相比之下，外围的发展将处于不利地位，然而，弗里德曼认为，随着市场的扩展、基础设施的改善和城市影响的增强，核心区与外围区将变得模糊，区际差异缩小，终将呈现区域空间经济的一体化格局。

弗里德曼在研究中把自己提出的中心-外围关系模式与任何特定空间系统发展的空间组织模式及整体发展联系起来，形成了空间极化发展的一般理论。按照这个理论模式，弗里德曼提出了核心地区发展战略，以达到利用“空间经济完全一体化”来取代不完善的“中心-外围”结构的目的。他提出，规划者使核心地区从大到小“活”起来，也就是自大到小逐级创造有利环境条件，实行诱导厂商选择区位的公共投资政策。当某一级核心区获得“自立性”增长后，就应把重点转向较小的核心区。

（三）启示

从以上分析中我们可以得到下面的一些启示。虽然中心-外围发展思想摆脱了新古典主义均衡发展论的束缚，突出了发展的非均衡性，但是这个理论模型尚存在一些疑惑不解的问题。第一，中心-外围之间的转化过程是否必须依赖于政府积极的干预，如果通过政策去加速这个转化过程，又如何做到恰到好处。第二，中心作用于外围的扩散效应，由于受距离衰减规律的影响，或许经济活动从中心地区扩散到它的外围附近（如城市近郊区），而不是趋于相对较远的外围区，这样就有可能使一部分地区更加“边缘化”。若是如此，区域经济一体化的假设就难以成立。第三，尽管有控制的非均衡发展战略是一个有价值的见解，但也留下了一个难以把握的问题，这就是政策制定者如何知道经济发展在何时已经超过了最优非均衡状态？何时非均衡态无效？第四，弗里德曼认为中心-外围结构会随经济进入持续增长阶段而消失，从理论上讲，只要空间经济系统的运行保持非均衡性，那么中心-外围结构就不会消失。即使如此，中心-外围理论仍然会促进区域经济的发展。对作为一个区域的长江中游城市群来讲，由于其特殊的地理位置优势——长江中游城市群恰好位于长江经济带的中心地带，由发达地区带动周边落后地区发展的思想符合长江中游城市群区域经济一体化的初衷。

三、区域经济发展的辐射理论

（一）“辐射”引入区域经济理论

物理学中的辐射理论可以很好地解释现代经济发展中的辐射问题，两者具有很大的相似性。辐射是指能量高的物体和能量低的物体通过一定媒介互相传送能量的过程。区域经济发展中的辐射是指经济发展水平相对较高的地区与经济发展水平相对较低的地区之间进行资本、人才、技术、市场、信息等的流动和思想观念、思维方式、生活习惯等方面的传播。通过流动和传播，进一步提高经济资源配置的效率，以新的思想观念、思维方式、生活习惯取代与之相悖的旧的习惯势力。辐射的媒介是交通条件、信息传播手段和人员的流动等。我们把经济发展水平高的地区称为辐射源。

（二）点线面辐射

中心城市是一个点，沿海、大江大河以及大湖沿边和铁路干线是一条线，经济发展水平相对较高（如长三角、珠三角地区等）的发达地区是一个面，这些都可以看成是经济发展水平较高的辐射源。我们可以把这些地区参与的辐射分别称为点辐射、线辐射和面辐射。

1. 点辐射

点辐射一般以大中城市为中心向周边城市推开，如同平静的水面上投入一块石头，产生的波浪由中心向外逐步扩散到较远的地区。从静态的角度来看，中心城市的现代化进程和经济发展水平相对较高，技术、人才、资金相对比较充分，居民思想观念、思维方式相对也比周边地区先进，但自然资源和劳动力很可能比较缺乏。而周边地区的自然资源和劳动力可能比较充裕，但资本积累和技术进步的速度相对可能较慢。这样，如果周边地区和中心城市能够很好地实现优势互补，则可以大大加快以中心城市为核心的地区经济发展速度。需要指出的是，点辐射的有效进行，必须依赖良好的辐射媒介，即良好的交通、信息传播手段和市场机制。这是点辐射有效进行的根本保证。

在交通方面，中心城市与周边落后地区之间应该建设发达的铁路、公路网络，尽可能减少辐射过程的交易成本，提高辐射效率。同时，在信息传播方面应该加大建设的力度，建立健全现代化的通信体系，这对中心城市和周边落后地区都有好处。

2. 线辐射

一般以铁路干线、公路干线、大江大河以及沿湖沿边航道和濒临沿海的陆地带为辐射的带状源，向两翼地区或上下游地区推开。这里，我们把铁路干线、大江大河以及大湖沿边航道和濒临沿海的陆地带称为辐射干线。和点辐射的分析一样，通常辐射干线上的城市或地区的经济发展水平相对较高，辐射干线两翼的经济发展水平相对较低。于是辐射干线上的城市或地区的资本、技术、人才和思想观念、思维方式和生活方式就会向两翼落后地区传播，传播的结果可能会使两者之间实现优势互补，从而在整体上推动整个地区的经济发展进程。

3. 面辐射

点辐射和线辐射大大加快了辐射区域的经济发展水平。其结果就会形成一种以新城市或辐射干线为核心的经济发展水平相对较高的区域。这些地区的中心城市和小城市连城一片，形成具有较强辐射能力的辐射源，并进一步和周边落后地区相互辐射。由于在地图上这些地区表现为一个面，因此，我们称这样的辐射为面辐射。

根据辐射的特点，面辐射可以分为两类：一类是摊饼式辐射，另一类是跳跃式辐射，这是我们借用移民理论的概念对面辐射的分类。摊饼式辐射是指经济发展水平相对较高的地区逐渐与周边地区进行资本、技术、人才、市场信息的交流。自然资源和思想观念、思维方式以及生活方式的流动和传播，使后者发展速度进一步加快，并逐渐向外推移。这样的辐射导致的发展在实践上是渐近的，从空间上来看是连续的，先进地区和落后地区没有出现盲区。例如，广东和周边省份的辐射首先是从交界处开始，逐渐向后推移。这种辐射方式很像摊饼时的推移过程，因而得名。跳跃式辐射是各经济发展水平相对较高的地区跨过一些地区直接与落后地区进行资本、技术、人才、市场信息、自然资源和思想观念、思维方式以及生活方式的流动和传播，使后者的发展速度进一步加快。这种辐射从空间上看是跳跃式的，先进地区、落后地区之间出现了一个盲区。例如，目前中国政府在积极倡导先进地区和落后地区之间的对口扶贫工作，东部发达地区和西部落后地区之间形成的辐射就是跳跃式辐射。

在面辐射中，摊饼式辐射通常具有更大的现实性。这是由于：第一，摊饼式辐射的辐射距离比跳跃式辐射短，资本、技术、人才、市场信息、自然资源和信息流动成本较小，辐射率更高。第二，由于居民之间的思想观念，思维方式和生活方式的差异较小，在推进过程中，摊饼式辐射遇到的阻力较小，这两点决定了摊饼式辐射比跳跃式辐射具有更大的优越性，辐射的效果通常较好。

辐射理论反映了经济发展进程中的普遍规律性，揭示了经济发展过程中影响因素的传导作用。严格来说，点辐射、线辐射、面辐射都是一种抽象，因为地图上任何一个点、线和面在现实中都表现为一个城市或地区，更具有面辐射的特征，从这个意义上讲，任何点辐射和线辐射最终都表现为面辐射，但这并不意味着点辐射和线辐射的概念没有任何意义，当我们站在全局角度来分析不同地区的经济发展问题时，特别是分析地区间的差距和相互影响时，这样的分析就非常重要。点辐射、线辐射、面辐射并没有既定的顺序，并不是由点及线、由线及面的过程。从辐射机制来看，点辐射是最简单的一种辐射方式，线辐射无不是由大量点辐射构成的更加复杂的辐射网络，或者说，大量的点辐射排列成一条线，就形成了线辐射。而面辐射是最复杂的一种辐射方式。在一个面辐射网络中，既有大量的点辐射，也可能有许多线辐射，这些点辐射和线辐射交织成的辐射网络向外推开时，就形成了面辐射。

（三）启示

从以上分析中我们可以得到下面的一些启示。辐射理论有助于我们进一步加深对经济发展和现代化进程中的区域合作重要性的认识。辐射理论认为，区域间由于存在广泛的辐射，因此相互之间的影响非常重要。无论是落后地区还是先进地区得到进一步发展，都会对对方产生积极影响。通过合作，积极加强正面辐射，有效避免负面辐射，都会在双方之间产生良性的滚动效应。相反，任何一方的停滞和落后都只能导致两败俱伤。因此，区域之间的合作对双方的经济发展和现代化进程都显得十分重要。

区域之间的合作主要有：（1）共同实施交通等基础设施建设项目，降低辐射成本，提高辐射效率；（2）共同制订相邻地区的教育、医疗卫生发展规划，发挥诸多方面的规模优势，充分利用可以共享的一切经济资源；（3）共同制订相邻地区的脱贫计划、就业计划以及房地产开发计划，共同促进这些方面的发展；（4）共同开展人才与技术的交流，落后地区的干部和企业家可以到先进地区挂职锻炼，先进地区的干部也可以到落后地区短期工作，在技术交流方面，也可以多种方式进行技术共享；（5）共同采取措施，根除污染、水土流失等带来的不利影响，共同营造良好的发展环境；（6）共同加强市场信息的交流与沟通，共同开发新产品和新市场，促进经济发展。针对长江中游城市群区域经济发展的不平衡性，可以制定相应的适合三省经济、社会合作的政策。

第五节 区域经济一体化理论及启示

区域经济一体化理论（regional economic integration theory）在第二次世界大战以后才成为国际经济学的一个新的研究领域，它是区域对外贸易发展的理论基础，并成为推动区域对外贸易快速发展的加速器。

一、联邦主义思想

区域经济一体化理论最早得追溯到欧洲联合的联邦主义思想。当时在欧洲联合进程中有着重要影响的思想主要是联邦和邦联。联邦是一种复合制的政体，联邦成员只拥有地方自治权，而一些重要的主权如外交、防务等必须交由联邦当局行使。邦联是同联邦一样具有悠久历史的政体概念，但邦联不是国际法的主体，而是一种松散的国家联合体。参加邦联的国家仍保持原来拥有的国际法主体权利，并保留全部国家主权。第二次世界大战结束后开始的欧洲一体化进程主要是按照联邦主义思想进行的。而从 20 世纪 50 年代开始，法国和联邦德国等六国组建欧洲煤钢共同体以后，职能派的思想占据主导地位，并且在 20 世纪 50 年代形成一种新职能学说，成为当时欧洲联合的主流思想。随着欧洲联合进程的不断加快，西方其他一些发达国家也开始对区域经济一体化发展理论进行研究。20 世纪 50 年代，区域经济一体化的学术研究达到第一次高潮。

二、关税同盟理论

关税同盟理论是区域经济一体化的主要理论基础，是比较成熟和稳定的一种形式，系统提出关税同盟理论的主要有美国经济学家维纳（Jacob Viner）和李普赛（R. G. Lipsey）。

1950年维纳在其《关税同盟问题》一书中鲜明地提出：关税同盟的经济效应在于贸易转移（trade diversion）和贸易创造（trade creation）所取得的实际效果，这突破了传统观点中关税减让、贸易自由化对经济具有积极作用的论点，确立了关税同盟从定性分析向定量分析的过渡。当所实施的关税同盟具备对内取消关税，对外设置统一税率，成员方共同享受关税收入的条件时，关税同盟将会产生静态和动态的经济效应。

静态的经济效应主要表现在贸易创造效应（trade creation effect）和贸易转移效应（trade diversion effect）两方面。贸易创造效应指关税同盟建立后，由于成员国之间取消关税，一国原来由本国生产的成本高的某些产品，改由生产成本低的成员国进口，因而可以把原来生产成本高的资源转向成本低的产品生产，该国可以获得贸易利益。关税同盟的建立把基于比较优势之上的产品专业化分工从一国范围扩展到了同盟内的多国范围，这样不但增进了同盟内部的福利，而且也增加了非成员国的福利，因为成员国福利和实际收入的增加将导致从世界其他国家更多的进口，从而产生福利外溢效应。贸易转移效应指关税同盟建立后，由于成员国之间取消关税和实行对外共同关税，成员国与非成员国之间的价格较低的进口贸易会被成员国之间的价格较高的进口贸易所取代，从而减少该国的贸易利益。关税同盟除了产生上述静态效应外，还会产生规模经济、竞争强化和投资扩大等动态经济效应。因为它把生产从高效率的非成员国转移到了低效率的成员国，使国际资源配置恶化，从而背离了基于比较优势的生产原则，使福利水平下降。

三、大市场理论

大市场理论是论证共同市场的动态理论，比关税同盟理论的论述更进一步。其主要观点是：以前各国之间推行狭隘的只顾本国利益的贸易保护政策，把市场分得过于细小而缺乏弹性，因而只能提供狭窄的市场，无法实现规模经济和大批量生产的利益。共同市场的目的就是把那些被保护主义肢解得分散孤立的小市场统一起来，结成大市场，通过大市场内部的激烈竞争，实现大批量生产等的技术利益。系统提出大市场理论的代表人物是西托夫斯基

（T. Scitovsky）和德纽（J. F. Deniau）。该理论的核心有两点：第一，建立大市场的目标是通过扩大市场以获得规模经济，从而实现经济利益；第二，依靠因市场扩大化而竞争激化的经济条件，促使经营观念与规模转变，从而获取规模经济。西托夫斯基认为，大市场理论的经济效应主要来源于竞争化所产生的动态效应，他针对当时西欧国家的企业满足于狭窄的国内市场和受保护而缺乏竞争的情况，提出“小市场导致高利润、高价格、低资本周转率、小市场的恶性循环”的命题。要打破这种循环只有在大市场内开展自由贸易以激化竞争，这样才能产生：组建大市场→转向大量生产→规模经济效应体现→生产成本下降→消费扩大→竞争加剧→成本下降的良性循环。与此同时，德纽也认为，大市场能让机器设备被充分利用，规模经济和高新技术的应用进一步激化竞争，从而形成价格下降，消费扩大，投资增加的滚雪球式的扩张。因而，大市场理论反映了自由贸易的思想。

四、协议性国际分工理论

日本教授小岛清在考察了经济共同体内部分工的理论基础后，在其著作《对外贸易论》中提出了在共同体内实行协议性国际分工的新的区域经济一体化理论。他认为，光靠作为竞争原理的比较优势原理不可能完全实现规模经济的效益。他从成本长期递减来寻找国际分工的动因，并认为，经济一体化就是要通过大市场化来实现规模经济，从而达到成本长期递减的目的；共同市场必须在同等发展阶段的国家之间建立，而不能在工业国与初级产品生产国之间建立；在发达工业国家之间，可以进行协议性分工的商品范围比较广，因而利益也比较大；另外，在生活水平和文化等互相接近的地区，容易达成协议，并且容易保证相互需求的均等增长。也就是，在层内可按水平分工，实现协议性的国际分工，但在实力不等的层与层之间却只能按垂直分工进行，按比较成本进行价格竞争，其结果只能导致差距越来越大，矛盾会更加尖锐化，这一点对广大发展中国家有一定启示。

五、国家需要理论

该理论认为：第一，在国际社会中，任何国家都要捍卫或增进本国的经济利益。这种愿望和追求可以概括为三种经济需要：经济安全需要（最低层次）、经济实力和竞争力需要（较高层次）和经济霸权需要（最高层次）。第二，一国通过经济一体化可以更好地实现和满足自身的经济需要。因此，该理论认为：经济一体化形成和发展的内在动因是经济安全、经济实力和竞争力、经济霸权等三个层次的经济需要；如果世界经济环境变化增强了各国的经济需要或提高了它们经济需要的层次，经济一体化就会走向高潮，否则就会走向低落；经济一体化形成后能否巩固和发展，取决于成员国经济需要的层次和经济需要得到满足的程度。

六、启示

上述五个方面的区域经济一体化理论，不仅对跨国区域对外贸易协调有重要的指导意义，而且对一国区域对外贸易协调也有重要的指导意义。无论是联邦主义思想，还是大市场理论、协议性国际分工原理、国家需要理论，虽然不能直接被城市群套用，但其中部分原理仍对城市群一体化发展有一定借鉴意义和参考价值。

第四章　国内外区域经济一体化经验及其启示

第一节　国外都市圈区域经济一体化

一、纽约都市圈

纽约都市圈是纽约区域规划协会（简称 RPA）为了分析社会经济发展趋势和问题而提出的概念。在纽约都市圈的一体化发展过程中，RPA 立足于纽约都市圈的自身情况和发展需要，对纽约都市圈进行了三次规划，为统筹区域发展发挥了重要的导向作用。RPA 在 1921 年到 1929 年期间提出了第一次规划，主要是城市发展向郊区延伸，但是却导致城市建设铺张浪费、土地资源利用率低。1968 年 RPA 提出第二次区域规划，重点是建立多个城市中心，致使纽约都市圈的郊区粗放式发展，中心城市呈现衰退的现象。1996 年，RPA 针对发展过程中出现的问题，进一步调整发展方向，提出了第三次规划，该规划以 3E 为核心，即以经济、环境与公平为核心，开始注重城市和区域的可持续发展。

在城市功能定位上，纽约都市圈采用科学合理的城市间产业分工协作的格局，这是纽约都市圈发展的最主要的经验。纽约是纽约都市圈的核心，同时也是世界的金融中心，形成了以金融、商贸和生产服务业为主的产业，并在这些产业方面获得高程度的发展。与纽约相比，各次级中心城市也形成了独具特色的产业。如华盛顿作为全美的首都，在政治的庇护下，聚集了世界银行和国际货币基金组织等全球性的金融机构，具有优势明显的总部经济；巴尔的摩由于在区位上与华盛顿毗邻，得到了很多政府采购合同和联邦开支，拥有基础良好的国防及矿冶工业；费城利用港口优势，形成了发达的交通运输业和国防工业；波士顿拥有众多的高等学府，是全美高科技产业基地。

在基础设施上，纽约都市圈重视发展多层次的立体交通网络，采取优先发展公共交通的策略，为纽约都市圈的经济发展奠定了基础。目前，纽约都市圈已经形成了由轨道交通、公共汽车、小汽车、航空和轮渡等多种运输方式组成的公共交通运输体系。其中，地铁和铁路占据了最主要的位置，航空和轮渡也发挥了重要的辅助性作用。因此，随着交通方式的增多，构建多层次立体交通网络和综合交通枢纽，对加强城市间的相互联系，促进都市圈发展繁荣具有重要的作用。①

二、东京都市圈

东京都市圈是积极以政府为主导进行都市圈规划建设，并获得成功的典型。关于都市圈发展规划，日本政府在工业发展、城市布局等方面发挥着重要的指导作用。为了完善东京大都市圈的建设与发展，日本政府制订并实施了五次基本开发规划，在区域与城市规划方面形成了比较完善的规划体系。东京都市圈在五次规划的引导和约束下，遏制了日本经济和人口过度向沿海以及区域中心城市聚集的趋势，各城市形成了完备合理的规模体系和明确的分工体系，使得都市圈沿着健康的轨道不断向前发展。

东京都市圈在历次发展规划中，都非常重视建设区域内的快速交通体系。历次规划都遵循优先发展公共交通的原则，依据经济发展的需要，制订相应的区域内交通规划，使公共交通的作用能够得到最大限度的发挥。并且在建设城市轨道交通时，还得到了政府资金上的支持，如日本在建设地铁时，采用补助金制度，建设市郊铁路，则由国家和地方政府补贴36%的费用，而建设新的交通方式，如单轨等，国家对其补贴比例更是高达2/3。②

在产业布局方面，东京都市圈内的各城市有着相对较为明确的产业分工。东京作为日本的政治、经济和文化中心，发挥着重要的经济集聚作用。埼玉县由于紧邻东京，如今已发展成为集政府机构、商务职能、生活居住为一体的日本副都。神奈川县利用工业集聚地、国际港湾的优势，充分发挥了其在这方面的职能，并加强了国际交流、商业、研发、居住等职能。千叶县则在重工业集聚地、物流和商业方面发挥着重要职能。茨城南部地区聚集了大量的大学和研究机构，在教育科研和高科技研发方面发挥着重要职能。总之，东京都市圈内

① 刘亚平．昌九区域经济一体化水平测度与对策研究［D］．南昌：华东交通大学硕士学位论文，2015.

② 钱林波，顾文莉．以快速轨道交通支撑和引导城市发展——日本东京都市圈的实践与启示［J］．现代城市研究，2001（6）：56-58.

各地的分工职能较为明显。

三、伦敦都市圈

伦敦都市圈是世界上最早的都市圈，其发展过程中经历了几次产业革命，却能始终屹立于世界舞台，这主要得益于其对产业不断进行创新升级。在20世纪末，伦敦的产业由传统工业为主发展成为以金融业、制造业支援服务业为主导。之后，伦敦的主导产业又变成以商业咨询、会计服务和法律服务为主的商务服务业。近十几年来，大伦敦政府积极推进创意产业的发展，并采取了一系列措施来支持其发展。主要有组建专门机构，如“创意伦敦”工作协调小组、创意产业委员会等；在政府、银行、行业基金和创意产业之间建立紧密的融资网络；出台有利于其发展的税收优惠政策；帮助并支持伦敦设计节和游戏节等创意文化节，营造良好的创意氛围；通过创意技能培训、保护知识产权等措施及时解决限制创意产业发展的问题。① 现在，创意产业已经成为伦敦创造财富的主要产业，并发展成为第二大就业产业。

伦敦都市圈内各个城市之间能够形成分工与合作的格局并实现功能一体化，与区内发达的交通网络密切相关。伦敦作为都市圈核心区域，已经形成了立体化公共交通网络，集公交、地铁、火车、轻轨、出租汽车于一体。为加强中小城市与中心城市交通方式的有效衔接，方便市民换乘，伦敦都市圈内建立了庞大的郊区铁路网络，加之“一环九射”的高速公路网络，伦敦都市圈内部各个城市之间的关系通过发达的交通网络得以强化，对整个地区的经济发展起到了巨大的推动作用。

第二节　国内城市群区域经济一体化

一、长三角区域经济一体化

长三角包括上海、江苏、浙江和安徽，这一地区以占全国3.7%的国土面积，承载了全国16%左右的人口，地区生产总值约占全国1/4，是改革开放成效最显著、一体化进程最快的地区。② 长三角拥有上海张江和合肥两个国家综

① 冯怡康，马树强，金浩．国际都市圈建设对京津冀协同发展的启示［J］．天津师范大学学报（社会科学版），2014（6）：7-12.

② http：//www. cre. org. cn/list3/sanjiao/14715. html.

合性科学中心以及南京、杭州、合肥、苏州、无锡、宁波、嘉兴等一批国家创新型试点城市，科学研究、技术研发、产业应用的创新链较为完备，是科技创新体系最完备的地区。本地区气候温和，自然灾害发生频率低，物产丰富，社会和谐稳定，百姓安居乐业，是全国园林城市、环保模范城市和生态城市最密集的区域，是全国人居环境和营商环境最优良的地区。长三角之路就是不断改革、适时转型、自我超越的发展之路，从“苏南模式”“温州模式”到浦东开发开放的开发区经济，再到当前的一体化先行先试，都成为这一地区发展的不竭动力。

2008 年，长三角区域一体化第一次被作为国家意志写入文件，即《国务院关于进一步推进长江三角洲地区改革开放和经济社会发展的指导意见》，该文件提出推动长三角率先一体化发展。当时我国面临激烈的全球化竞争，整体经济实力还比较弱，单个城市也难以参与国际竞争，期望通过一体化发展，提升长三角竞争力，让其能够捏成拳头，有力量，有质量，能够代表改革开放的中国参与全球竞争。放眼全国，这样的重任只能落在长三角的头上。2010 年国务院出台的《长江三角洲地区区域规划（2011—2020）》提出了 10 年的发展目标、方向和空间格局，对促进长三角区域一体化发展起到了非常重要的推波助澜作用。2016 年国家发改委与住房和城乡建设部出台的《长江三角洲城市群发展规划》针对新型城镇化下城镇群作为城镇化工业化的主体形态演绎，提出了长江三角洲城市群一体化发展和协调发展的路径和机制保障。2019 年 5 月 13 日，中共中央政治局会议审议《长江三角洲区域一体化发展规划纲要》时指出，长三角是我国经济发展最活跃、开放程度最高、创新能力最强的区域，在全国经济中具有举足轻重的地位。长三角一体化发展具有极大的区域带动和示范作用，要紧扣“一体化”和“高质量”两个关键，带动整个长江经济带和华东地区发展，形成高质量发展的区域集群。这个区域具备了国家战略的价值意义，也在于区域本身优势和特质，这个区域以上海为核心，地缘相近、人文相亲，经济社会联系往来十分密切，是区域一体化水平最高的地区。

多年来，长三角一体化发展取得了一系列具有重要历史意义的成就，为中国走具有本国特色的社会主义市场经济道路提供了重要的经验和范本。

第一，以推进改革开放带动区域一体化发展。长三角作为中国改革开放的先行地区，市场化程度高，民营企业发达，企业家资源充裕，长三角充分利用这些优势，以市场化改革为先导，推动产业转移和企业的跨区域发展，在实现要素自由有序流动的过程中逐步弱化地区间的行政壁垒，推动了区域间的联动发展。

第二，建立了多方协调的区域合作的体制机制。长三角一体化发展起步早，进展平稳，通过多年的逐步推进，建立了包括长三角地区主要领导人座谈会、长三角地区合作与发展联席会议和长三角城市经济协调会的区域合作体制，并制订了包括长三角区域规划、长三角城市群规划和长三角更高质量一体化三年行动计划等重要文件，使得长三角一体化发展有了成熟稳定的体制机制做保证。

第三，构建了以上海为龙头的多元多中心网络化的世界大都市群。除上海作为中国最大的城市继续发挥了龙头引领作用之外，杭州、南京、合肥、苏州、宁波、无锡等长三角城市也已进入国际国内著名城市的行列，成为长三角国际化大都市群的共同支撑。一些中小城市如浙江的义乌、江苏的昆山、大仓、张家港也已成为各自特色产业领域的国际化名城。在长三角的沪苏浙地区，区域经济发展已基本实现了均等化，从最大城市上海到三四线城市绍兴、台州、金华等，人均收入和人均产出已基本实现均等。

第四，区域创新体系的框架已基本成型。近年来，上海提出了打造全球科创中心的战略目标，江苏提出了打造全球产业创新中心，浙江提出建设“数字大湾区”，全球科创中心的发展目标成为长三角各城市的共同目标，在此目标的引领下，长三角区域创新体系正在成型。

第五，绿色发展正在成为长三角全域共识，绿水青山就是金山银山，打破区域壁垒，共同治理环境，已经成为全区域发展的行动纲领。

二、珠三角区域经济一体化

珠江三角洲，简称“珠三角”，是组成珠江的西江、北江和东江入海时冲击沉淀而成的一个三角洲，面积5万多平方公里。通常所说的珠三角或“小珠三角”是指珠江沿岸广州、深圳、佛山、珠海、东莞、中山、惠州、江门、肇庆9个城市组成的区域；“大珠三角”又称粤港澳大湾区指的是广东、香港、澳门3地构成的区域；“泛珠三角”包括珠江流域地域相邻、经贸关系密切的福建、江西、广西、海南、湖南、四川、云南、贵州和广东9省区，以及香港、澳门2个特别行政区，简称“9+2”。

在发展规划方面，国务院批准的《珠江三角洲地区改革发展规划纲要（2008—2020年）》明确指出珠三角产业发展的定位是：坚持高端发展的战略取向，建设自主创新高地，打造若干规模和水平居世界前列的先进制造产业基地，培育一批具有国际竞争力的世界级企业和品牌，发展与香港国际金融中心相配套的现代服务业体系，建设与港澳地区错位发展的国际航运、物流、贸易、会展、旅游和创新中心。按照规划，整个珠江三角洲的发展目标是到2020年，率先基本实现现代化，基本建立完善的社会主义市场经济体制，形成以现代服务业和先进制造业为主的产业结构，形成具有世界先进水平的科技创新能力，形成全体人民和谐相处的局面，形成粤港澳三地分工合作、优势互补、全球最具核心竞争力的大都市圈之一。人均地区生产总值达到135000元，服务业增加值比重达到60%；城乡居民收入水平比2012年翻一番，合理有序的收入分配格局基本形成；平均期望寿命达到80岁，实现全社会更高水平的社会保障；城镇化水平达到85%左右，单位生产总值能耗和环境质量达到或接近世界先进水平。

在基础设施方面，为完善综合交通体系，促进珠江三角洲地区区域经济一体化战略的实施，《珠江三角洲地区城际轨道交通网规划（2005—2020年）》明确提出该区域的发展目标是形成以广州、深圳、珠海为主要枢纽，覆盖区域内主要城镇，便捷、快速、安全、高效的城际轨道交通网络。实现以广州为中心、主要城市间1小时互通，以及珠江三角洲中部、东部和西部都市区内部1小时互通。2012年12月26日，随着京广高铁正式贯通运营，北京至广州最快8小时以内到达，带动了珠三角和京津冀都市圈的联动，使它们更好地发挥各自的优势和优化产业结构。

综上所述，珠江三角洲是我国改革开放的先行地区，加之经济特区的设立，使得地方政府的主导作用十分显著，它们主要支持发展生产性投资、规划和兴建各种开发区，为推动珠三角的快速工业化起了重要作用。另外，珠三角独特的区位条件，使港澳资本和劳动密集型产业借两地落差形成势能，大规模向珠三角地区转移，实现了珠三角工业化的原始积累。同时，珠三角市场体系的完善，即国内与国外市场的双向流动效应，加之完备的城际交通保障，也促进了珠三角经济圈的迅速发展。当然，我们也要看到在发展经济的同时所引发的一系列问题，其中主要是产业结构问题，这需要在未来的改革道路中不断创新和升级，才能保持该地区经济发展的持久性。

三、京津冀区域经济一体化

相对长三角、珠三角城市群，作为中国第三增长极的京津冀都市圈起步较晚。按照国家发改委的标准，京津冀都市圈包括北京市、天津市以及河北省的8个地级市（秦皇岛、唐山、廊坊、保定、石家庄、沧州、张家口、承德）。2018年，京津冀都市圈土地面积约为21.8万平方公里，人口总数约为1.127亿人，以汽车工业、电子工业、机械工业、冶金工业为主，是全国主要的高新技术和重工业基地，也是我国北方经济发展的重要增长极。

京津冀都市圈在经济、社会、政治发展中有着重要的战略地位，其区域发展很早就受到了关注。京津冀都市圈的发展不是一蹴而就，而是在探索的过程中慢慢形成的。1982 年，“首都圈”概念第一次出现在《北京市建设总体规划方案》中，标志着区域合作的开始。1986 年 5 月，建立环渤海经济区的方案在第一次环渤海地区经济联合市长联席会议中被确定，会议同时提出，要在环渤海经济区开展各种形式的经济合作，以便促进经济快速发展。1992 年 10 月，中国共产党第十四次全国代表大会报告指出，要加速环渤海湾地区开放和开发，“环渤海经济区”的概念正式确立。1996 年，九五规划纲要指出，要形成以辽东半岛、山东半岛、京津冀为主的环渤海综合经济圈。1998 年，环京经济协作区建立，包括北京、唐山、秦皇岛、保定、廊坊、张家口、承德 7 市，协作区的定位是：以北京为中心的开放型的网络区域组织，并且受北京与河北政府的共同指导。2004 年 2 月，在廊坊召开了京津冀地区经济发展战略研讨会，《廊坊共识》出台。同年 6 月，北京、天津与河北的三方代表在廊坊召开环渤海合作机制会议，确立了环渤海地区的初步合作方案。2006 年，十一五规划纲要指出，在形成了初步的发展格局之后，京津冀、长三角与珠三角等区域，应当发挥带动和辐射作用，加强城市群内各城市的分工协作和优势互补，增强城市群的整体竞争力。2011 年，十二五规划纲要指出，推进京津冀、长三角、珠三角地区区域经济一体化发展，打造首都经济圈。2014 年 2 月 26 日习近平总书记在讲话中指出要以京津冀城市群建设为载体，把合作发展的工夫主要下在联动上，努力实现优势互补、良性互动、共赢发展，同时京津冀协同发展上升为重大国家战略。2015 年，政府工作报告中明确提出了推进京津冀协同发展，在交通一体化、生态环保、产业升级转移等方面要率先取得实质性突破。

在空间发展规划方面，1999—2001 年，由北京市规划委员会、天津市规划和国土资源局、河北省建设厅、中国科学院、清华大学等单位牵头组织的京津冀（大北京地区）城乡空间发展规划研究提出，将北京建设成“世界城市”，并在圈内形成“一体两翼”的城市空间布局。具体来说，就是以京津双核城市为轴心，在其两侧分别分布了两个中等城市，该轴以西以南为保定和石家庄，该轴以东为唐山和秦皇岛，四个中等城市分别由京石铁路和京秦铁路连接在一起，加上这些城市的近距离腹地，形成一个展翅飞翔的鸟的双翼形状，鸟的两翼的外缘顺次经过石家庄—灵寿—定州—唐县—顺平—满城—易县—涞水—门头沟—怀柔—密云—遵化—迁安—山海关—秦皇岛—碣石山—滦县—唐山—宝抵—香河—塘沽—大港—永清—霸州—雄州—高阳—博野—安国无极，囊括了靠近京石和京秦铁路的经济相对发达的县级行政区域。鸟的主体部分由京津构成，两个直辖市成为“一体两翼”城市群发展模式中的主体，两翼的城市接受来自京津的经济辐射同时与京津之间进行资源交流，鸟的两翼的丰厚程度与京津的经济辐射强度有直接关系，离京津越远的地区鸟翼相对越薄。① 这为京津冀都市圈以后的发展奠定了规划思想和理论基础。

在产业布局方面，由于缺乏稳定的利益协调机制，京津冀都市圈内的“产业同构化”现象严重。这种“同构化”现象具体表现在两个方面：一方面是北京和天津产业的相似。北京与天津的主导产业都分布在电子通信设备制造业、黑色金属冶炼及交通运输设备制造业、电器机械与器材制造业、石油加工及炼焦业、化学制品业等领域。严重的产业同构恶化了双边经济关系，制约了京津两市、特别是天津市的发展。另一方面是河北省内部各城市产业的相同。据统计，在承德、秦皇岛、唐山、张家口、廊坊、保定、沧州、衡水、邢台、邯郸、石家庄 11 个城市的核心区中，将化工作为支柱产业的比重高达 72.7%、机械 54.5%、建材 63.6%、冶金 45.5%、电子 36.4%、机电和纺织均为 27.3%。产业结构趋同不仅使得城市的产业特色难以得到有效体现，而且对产业发展边缘化趋势有不断加强的影响。②《京津冀都市圈区域规划》明确了京津冀三地的产业发展定位，北京重点发展第三产业且以交通运输及邮电通信业、金融保险业、房地产业和批发零售及餐饮业为主。

同时，北京发挥大学、科研机构、人才密集的优势，与高新技术产业园区、大型企业相结合，积极发展高新产业，以发展高端服务业为主，逐步转移低端制造业。天津在现有加工制造业优势与港口优势基础上，定位为大力发展电子信息、汽车、生物技术与现代医药、装备制造、新能源及环保设备等先进制造业；发展现代物流、现代商贸、金融保险、中介服务等现代服务业，适当发展大运量的临港重化工业。河北 8 市定位在原材料重化工基地、现代化农业基地和重要的旅游休闲度假区域以及京津高技术产业和先进制造业研发转化与加工配套基地，并在第一产业中着重发展农业和牧业，成为京津的“米袋子”和“菜篮子”。

综上，京津冀都市圈的发展虽落后于长三角、珠三角经济圈，但由于其在

---

① 孟祥林．“一体两翼”的京津冀城市群发展模式分析［J］．京津冀经济瞭望，2010（5）：67.

② 赵国岭．京津冀区域经济合作问题研究［M］．北京：中国经济出版社，2006.

城市空间布局和产业结构调整方面的举措，以及河北省依托京津冀地区发展意愿的强烈，加之以北京为中心的辐射网的初步形成，有理由相信，京津冀都市圈将会迎来新一轮增长。

第三节 对长江中游城市群区域经济一体化的启示

总体而言，国内外城市群的发展都不是一蹴而就的，每一个城市群的发展过程都经历了由小到大、由弱到强的过程，但关联城市抱团发展的一体化趋势是不可逆转的。由于城市群的历史背景、区域环境各有不同，因此必然在发展中存在诸多差异，本章通过梳理这些城市群的改革思路和发展路径，总结出以下几个方面的启示和经验，以期为长江中游城市群区域经济一体化的发展提供参考。

一、政府规划是实现城市群经济一体化的先决条件

上述城市群的发展都经历了形成、发展和成熟三个阶段，而与这三个阶段相伴随的是政府和相关组织对城市群的规划，每一次规划都是在总结上一次经验教训的基础上提出新的发展方向和目标，特别是国外城市圈的发展更是历经百年的规划设计过程而形成的。对于城市群区域经济一体化规划的制订和实施，无论是依靠民间机构（如纽约都市圈的“纽约区域规划协会”），还是专门机构（如伦敦都市圈的“大伦敦管理局”）或政府机构（如国内的“国务院”和“发改委”），它们都具有组织权威性的特征，并通过不同的形式和作用引导区域内经济整合的顺利实施。市场是推动城市群区域经济一体化的基础条件，但制度统一、产业同构等问题单靠市场调控很难解决，还需要政府去解决。日本东京都市圈就是在政府政策的作用下推行“展都型首都机能再配置”，在这种扩展和整合机制下不仅提升了大都市圈自身的实力，还带动了圈内不同城市之间的分工与合作，实现了都市圈的产业布局和结构优化配置。我国是一个市场机制不完善的国家，若单独依靠市场机制去整合城市圈的经济功能，需要漫长的时间，将严重影响我们追赶国际经济发展的步伐，所以需要政府采取相应的对策，克服城市群发展中存在的问题，解决城市群发展的各种矛盾。珠三角的迅速发展就是政策大力支持的结果，这个外生动力对区域发展最大的作用就是不仅能为经济保驾护航，而且能促使城市发展锦上添花。

同时，通过国内外城市群的政策规划比较，可以看出西方发达国家的政府管理职能较为有限，相当一部分事务被推向社会，转由社会中介组织和公共服

务团体来承担，政府更多地是充当城市公共物品的提供者和调节者，而非社会经济的主导者，这样能够更好地激发城市群内各城市的发展积极性。我们认为构建有限职能政府是我国政府职能转化的趋势，政府应当作为城市发展的方向标，经济增长、社会稳定的稳压器，城市变革的助推机，风险预测的报警员，提供公共产品的服务员，在顺应市场的形势下发挥引领和控制作用，为城市群的发展提供政策保障。

二、基础设施是实现城市群经济一体化的基本条件

城市群发展的基础是优越的地理和交通条件，区域内经济活动强度大，人员和物资流动密度高，对于交通运输、城市建设等基础设施都有较高的要求。随着一体化的深入发展，区域之间经济的融合趋势不断加强，区域网络化趋势越来越明显，所发挥的效用也越来越大，对区域经济发展的作用日益重要。而基础设施作为区域经济发展的载体，是区域一体化的一个重要内容，一个成熟的城市群，必须有高度发达并且相互协调的基础设施网络，不仅通过发达的铁路、公路、水运将各城市联系在一起，而且通过现代化的国际海港、航空港、通信网络与世界其他地区相联系。

纵观前文，纽约、伦敦、东京、长三角、珠三角、京津冀等城市群都是依托平原或利用港口，结合城市轨道交通、公路、铁路、航空，形成一套立体交叉的基础设施网络系统而得以发展的。如在纽约都市圈内有纽约港、费城港、巴尔的摩港和波士顿港等；长三角作为中国的核心区域，是中国基础设施最完善的地区，已形成由众多的内陆口岸和一些国际知名港口所组成的港口运输体系，聚集了南京、常州、苏州等国内主要内河港口以及上海港、宁波港这些世界知名港口并形成以上海浦东、虹桥国际机场为核心，以南京和杭州机场为次中心的航空运输体系；伴随着高铁时代的到来，苏浙沪三地也已具备较完善的交通网络体系。这些毋庸置疑都是城市群发展的基本条件，并为区域内城市的发展提供着硬件支持。

三、产业优化是实现城市群经济一体化的必要条件

从市场经济发展的规律来看，在日益发达的城市经济圈内，现代工业都是依托城市而展开的，城市空间又是工业发展的载体，产业链是城市群经济和城市经济发展的纽带。要解决人口膨胀、城市扩张、就业困难等问题，就离不开产业结构的优化配置和产业链的形成。在充分调动市场机制的前提下，对产业和产业链的准确定位是不断进行产业结构优化配置、实现经济整合的必要

条件。

例如，在纽约都市圈城市功能定位上，各次级中心城市要努力与纽约形成各具特色的发展格局；伦敦的产业定位历经长时间的优化变革，从工业基地到国际金融中心，再到世界创意之都，使其站在世界经济转型和新兴产业发展的最前沿，极大地推进了城市群建设；京津冀也力争通过合理规划，积极改变都市圈内严重的产业“同构化”现象，优化产业配置。总之，任何产业都有自身的产业空间载体，而产业结构的升级则离不开产业空间载体的变换和配置，城市群的发展就是产业结构高度化的过程。在城市群发展过程中，中心城市和周边城市都会面临产业结构升级的问题，解决好产业优化问题是实现城市群经济整合发展的必要条件。

四、自主创新是实现城市群经济一体化的根本动力

创新是城市实现可持续发展和国家兴旺发达的不竭动力，也是民族的灵魂。纽约、伦敦、东京三大城市圈区域经济一体化发展的最终目的就是实现整个大都市圈的一体化可持续发展。要实现大都市圈的可持续发展，除了充分考虑资源环境保护、生态环境建设、发展规划以外，还需要具备真正推动城市群发展的动力——这就是创新，尤其是自主创新和技术创新。

为了实现这个目标，国内外城市群都以市场为纽带来构建整个城市圈的创新，从而提升自身的竞争力和可持续发展能力。东京都市圈的城市规划主张在首都圈内的各城市共同分担首都功能，即一直倡导的“展都论”，将集中在东京的首都功能的一部分展开分散到其周围地区，这种创新大胆的城市职能分配对东京都市圈的发展起到了一定的促进作用。珠三角在未来几年的规划中也提出坚持高端发展的战略取向，建设自主创新高地，打造世界先进的制造产业基地，培育具有国际竞争力的世界级企业和品牌，发展与香港国际金融中心相配套的现代服务业体系，建设与港澳地区错位发展的国际航运、物流、贸易、会展、旅游和创新中心。可见，城市群的发展离不开城市圈自身能力的提高，而创新就是经济一体化的动力源泉。

五、实现城市群区域经济一体化需三大机制共同作用

城市群的发展需要三大机制的共同作用，三者相互促进，互通有无。比如，纽约都市圈的发展除了完善的市场机制和完备的政府机制发挥作用以外，很重要的一个因素是作为民间中介组织的纽约区域规划协会在纽约都市圈三次区域规划中所发挥的作用，这充分说明了以中介组织为代表的民间组织机制在

促进区域整体发展、协调不同行政区域的利益方面作用显著。伦敦都市圈和东京都市圈的发展也都说明了政府机制在城市圈发展中不可或缺的作用，即便有了完善的市场，若政府决策和规划违背经济发展的趋势，则势必会阻碍城市群区域经济一体化的进程。其中，伦敦政府是通过法律手段予以支持从而起到了重要作用，如《新城法》《绿带法》等，不仅保障了伦敦规划的方向，还促进了大都市圈的形成；日本政府是通过“国土厅大都市圈整备局”对都市圈进行统一规划，并结合地方政府通过“七都县首脑会议”的形式共商决策。

国内三大城市群的发展早期更多的是政府机制的促进作用，依靠制度红利在改革开放后大放异彩，随着市场机制的深入，三大城市群特别是长三角和珠三角的发展更为迅速，加上行业协会等民间组织机制的介入，例如长三角地区每年组织“长三角民间组织交流论坛”，研究解决长三角区域合作中民间组织需要协调的重大问题，审议、决定长三角民间组织合作的重大活动，这种民间机制的参与也加速推进了国内三大城市圈经济一体化的发展，可见市场、政府、民间组织三大机制必须结合在一起共同发挥作用，才能促进城市群的发展。

第五章　长江中游城市群区域经济一体化发展现状分析

第一节　长江中游城市群发展概况

一、长江中游城市群的构建

早在1995年，国内学者吕桦等就提出依托鄂湘赣“加速建设长江中游城市群区”。随后，一些学者从不同角度对推进长江中游城市群建设进行了探讨。但由于长江中游城市群还处于不断形成和发展之中，因此学者对其范围界定具有较大差异。归纳起来，主要有以下几种观点：一是早期的湘鄂赣城市密集区观点，它把其范围限定在长江中游下段，南北向京广线、京九线与东西向浙赣线交汇范围内（吕桦等，1995）。① 二是长江中游城市带的观点，其范围包括长江中游沿线的九江、黄石、鄂州、武汉、荆州、岳阳、宜昌等7城市，以及邻近的常德、益阳、仙桃、孝感、咸宁、随州、黄冈等城市（伍新木，2002）。② 三是大武汉都市圈的观点，其范围以武汉城市圈为中心，向东至九江，向西至荆州，向南至岳阳，向北至信阳，包括湖北省的武汉、黄石、鄂州、黄冈、仙桃、潜江、孝感、咸宁、天门、随州、荆门、荆州、河南省的信阳，江西省的九江和湖南省的岳阳等15个城市（肖金成等，2008）。③ 四是“三圈（区）合一”的观点，即以武汉城市圈、长株潭城市圈和鄱阳湖城市群

---

① 吕桦，章定富．论建设长江中游城市群区［J］．江西师范大学学报（自然版），1995，19（3）：268-274.

② 伍新木．长江中上游与中国中西部可持续发展［M］．武汉：武汉大学出版社，2002.

③ 肖金成，汪阳红．论长江中游城市群的构造和发展［J］．湖北社会科学，2008（6）：55-59.

为基础构建长江中游城市群。在此基础上，还有学者把湖北宜荆荆（宜昌、荆州、荆门）城市群加入进来，提出"四圈（区）合一"的设想（秦尊文，2010），① 或者把武汉"1+8"城市群和宜荆荆城市群整合为大武汉"9+3"城市圈（赵凌云等，2010）。② 五是有学者提出构建长江中游城市群应以武汉城市圈、环长株潭城市群和环鄱阳湖城市群为主体（魏后凯等，2012），③ 这也是目前长江中游城市群所涉及的最终范围。

二、长江中游城市群基本情况

长江中游城市群以武汉为中心，是以武汉城市圈、环长株潭城市群、环鄱阳湖城市群为主体形成的特大型国家级城市群。规划范围包括：湖北省武汉市、黄石市、鄂州市、黄冈市、孝感市、咸宁市、仙桃市、潜江市、天门市、襄阳市、宜昌市、荆州市和荆门市；湖南省长沙市、株洲市、湘潭市、岳阳市、益阳市、常德市、衡阳市、娄底市，江西省南昌市、九江市、景德镇市、鹰潭市、新余市、宜春市、萍乡市、上饶市及抚州市、吉安市的部分县（区），共涉及31个市。长江中游城市群承东启西、连南接北，是长江经济带的重要组成部分，也是实施促进中部地区崛起战略、全方位深化改革开放和推进新型城镇化的重点区域，在我国区域发展格局中占有重要地位。长江中游城市群总面积为31.7万平方公里，占全国总面积的3.3%；2018年人口约1.25亿，约占全国的9%。由于三个省会城市群几乎呈等边三角形分布，长江中游城市群又称"中三角"。

长江中游城市群山水相连、人文相亲，自古以来就有着特殊的文化渊源，经贸往来非常密切，具有发展成为跨区域特大型城市群的深厚基础。该城市群临江达海，经济腹地广阔，拥有一批现代化港口群、区域枢纽机场以及铁路、公路交通干线，基本形成了密集的立体化交通网络，在全国综合交通网络中具有重要的战略地位。以武汉、长沙、南昌为中心的武汉城市圈、环长株潭城市群、环鄱阳湖城市群发展迅速，形成了一批各具特色的中小城市和小城镇，生态环境容量较大，城乡区域发展趋于协调，2018年常住人口城镇化率超过

---

① 秦尊文．论长江中游城市群的构建［J］．江汉论坛，2010（12）：29-33.

② 赵凌云，秦尊文，张静，等．关于启动和加快长江中游城市群建设的研究［J］．学习与实践，2010（7）：12-20.

③ 魏后凯，成艾华．携手共同打造中国经济发展第四极——长江中游城市群发展战略研究［J］．江汉论坛，2012（4）：5-15.

60%。区域内跨省交流合作平台有 30 多个，基础设施、产业、市场、社会事业等重点领域合作发展迅速。

近年来，长江中游城市群大力开展科技创新，积极发展高附加值、高技术含量、高效益、低消耗、低排放的先进制造业和战略性新兴产业，推动制造业与现代服务业融合发展，是我国重要的现代产业基地和创新基地。2018 年该地区生产总值达 85347.67 亿元，约占全国的 9.28%。

三、长江中游城市群发展阶段

（一）准备阶段（2006—2012 年）（见表 5-1）

表 5-1 **长江中游城市群一体化发展准备阶段**

时间	进展情况
2006 年 4 月	中共中央、国务院《关于促进中部地区崛起的若干意见》出台。此后，湖北武汉城市圈、湖南长株潭城市群获批全国“两型社会”建设综合配套改革试验区；江西《鄱阳湖生态经济区规划》获国务院批复
2009 年 9 月	国务院通过《促进中部地区崛起规划》，明确提出，加快形成沿长江、陇海、京广和京九“两横两纵”经济带，积极培育充满活力的城市群。之后相继出台《促进中部地区崛起规划实施意见》和《关于促进中部地区城市群发展的指导意见》
2010 年 12 月	国务院印发的《全国主体功能区规划》中，以武汉城市圈、长株潭城市群和鄱阳湖生态经济区为主体构成的“长江中游地区”等被列为“国家重点开发区域”
2012 年 2 月	2012 年 2 月，长江中游城市集群三省会商会在武汉东湖国际会议中心举行，湘鄂赣三省负责人签署《加快构建长江中游城市集群战略合作框架协议》，并提出“中三角”的概念。这标志着长江中游城市集群从构想、探索，进入全面启动和具体实践新阶段
2012 年 8 月	《国务院关于大力实施促进中部地区崛起战略的若干意见》明确提出，“鼓励和支持武汉城市圈、长株潭城市群和环鄱阳湖城市群开展战略合作，促进长江中游城市群一体化发展”
2012 年 12 月	区域发展与改革座谈会在江西九江召开，安徽进入长江中游城市群阵营

（二）全面推进和实施阶段（2013—2015 年）（见表 5-2）

表 5-2　　**长江中游城市群一体化全面推进和实施阶段进展**

时间	进展情况
2013 年 2 月	武汉、长沙、合肥、南昌签署《武汉共识》，标志着长江中游城市群建设进入全面推进阶段
2013 年 3 月	湖北等省人民政府向国务院报送《关于加快推进长江中游城市群一体化发展的请示》
2013 年 9 月	国家发展改革委在武汉组织召开长江中游城市群一体化发展规划前期工作会议，长江中游城市群战略进入实施阶段
2014 年 2 月	长江中游城市群省会城市第二届会商会在长沙举行，签署《长沙宣言》
2014 年 9 月	国务院印发《关于依托黄金水道推动长江经济带发展的指导意见》，提出“把长江中游城市群建设成为引领中部地区崛起的核心增长极”
2015 年 2 月	长江中游城市群省会城市第三届会商会在合肥举行，签署《合肥纲要》
2015 年 3 月	政府工作报告将长江经济带建设上升为国家战略，提出“要依托黄金水道，建设长江经济带”

（三）全面提升阶段（2015 年至今）（见表 5-3）

表 5-3　　**长江中游城市群一体化提升阶段进展情况**

时间	进展情况
2015 年 3 月	国务院发布《关于长江中游城市群发展规划的批复》，范围涵盖湖北、湖南、江西三省，标志着长江中游城市群“中三角”格局正式得到国家批复
2015 年 4 月	《长江中游城市群发展规划》出台，要求将长江中游城市群建设成为长江经济带重要支撑和具有一定国际影响的城市群，并将长江中游城市群定位为中国经济新增长极、中西部新型城镇化先行区、内陆开放合作示范区、“两型”社会建设引领区

续表

时间	进展情况
2016年3月	长江中游城市群省会城市第四届会商会在南昌召开，发布《南昌行动》
2016年3月	中共中央政治局审议通过《长江经济带发展规划纲要》，明确要求以长江中游城市群为主体，发挥辐射带动作用，打造长江经济带增长极；发挥武汉等超大城市引领作用，发挥南昌、长沙等大城市对地区发展的核心带动作用；打造武汉、长沙、南昌等内陆开放型经济高地
2016年12月	国家发改委发布《关于支持武汉建设国家中心城市的复函》，明确要求武汉立足中游、引领中部、服务全国、链接全球，加快建设国家中心城市
2016年12月	《促进中部地区崛起“十三五”规划》发布，明确要求发展壮大长江中游城市群，推动武汉城市圈、长株潭城市群、环鄱阳湖城市群大力实施创新驱动发展战略，加快建立现代产业体系，提升城市群综合实力和竞争力，建设具有全球影响力的现代产业基地和全国重要创新基地，打造生态文明和绿色城镇化样板
2017年4月	长江中游城市群省会城市第五届会商会在武汉召开，武汉、长沙、合肥、南昌四市共同签署《长江中游城市群省会城市合作行动计划（2017—2020）》，以进一步深化细化交流合作，联手推动长江中游城市群成为中国经济新增长极
2017年12月	在武汉举行的长江中游城市群第五届科技合作联席会议上，武汉、长沙、合肥、南昌、黄石、岳阳、九江、安庆等8个城市成立科技成果转化联盟，以建立创新平台共享机制，促进科技成果转化，共同打造经济发展新增长极
2018年9月	长江中游城市群省会城市第六届会商会在长沙召开，强调充分发挥省会城市的辐射引领作用，促进更多的合作红利惠及周边城市，实现区域协调发展
2019年12月	长江中游城市群省会城市第七届会商会在合肥召开，武汉、长沙、南昌、合肥四省会城市共同发布《长江中游城市群省会城市高质量协同发展行动方案》，参会各市联合签署包括《长江中游城市群建设2020年合作重点事项》在内的一系列相关合作文件

第二节　区域经济一体化重点领域进展

在良好的一体化合作基础上，目前长江中游城市群已经形成一定程度的联系，在武汉城市圈、环长株潭城市群以及环鄱阳湖城市群三大次城市群内的各级政府、企业、科研机构等的共同努力下，区域经济一体化在一定程度上取得了可喜的成就。

一、推进交通运输一体化

在长江中游城市群一体化建设中，交通一体化率先进行，并已经取得了一定成效。2012 年 2 月，湘鄂赣三省达成了共同建设长江中游城市群综合交通运输示范区的共识，约定共同打通高速公路“断头路”，消除长江“肠梗阻”，推进多种运输方式联运，建立便捷、经济、可靠、安全的综合交通运输体系，构建“祖国立交桥”。2012 年 5 月 31 日，三省交通部门签订了一揽子重点项目合作协议，在基础设施建设、重大关联项目、重点领域、信息技术等方面协调对接，对接范围包括省际高速通道“断头路”建设、省际路网规划衔接、省际不停车收费系统、信息互通共享平台等，旨在提高长江中游交通运输效率。同年 12 月，三省又与重庆、陕西、河南等中西部省市达成了依托各地交通部门建立信息联动指挥中心的共识，各省市高速公路交警、路政、消防、气象等部门信息逐步实现共享。2013 年 6 月，在武汉召开的首届长江中游城市群建设论坛提出加快建设长江中游城市群环状快速铁路网，合武客专升级为高铁，并实现提速。2015 年 11 月 20 日，长江中游城市群省会城市交通运输合作联席会第二次会议在长沙市召开，会上四省会城市签订了《长江中游城市群省会城市交通运输合作联席会第二次会议合作协议》，以共同推进长江中游城市群省会城市综合交通体系规划研究。

高速公路方面，连接长江中游城市群核心城市长沙、武汉、南昌的汉长昌高速环路已经建成，城市群内立体环状交通网正在形成。2013 年 5 月，在长江中游城市群综合交通运输示范区推进联席会议上，湘鄂赣皖四省确定了省际主要“断头路”的开工及通车时间表，打通“断头路”被列为重点项目对接的第一步。近年来，湘鄂赣三省已相继打通 10 余条高速“断头路”。目前，咸黄（咸宁—黄石）高速公路全线通车，连通了湖北咸宁与湖南岳阳平江县；九江长江公路大桥建成通车，使湖北黄小高速公路与江西昌九高速公路相连；杭瑞高速公路临湘大界至岳阳段已全面建成通车；安康至北海、二连浩特至广州、武汉至深圳等高速公路建设节点也都排出了具体的时间表。据湖北省交通厅消息，目前，湖北省高速公路的省际通道已达29条，与湖南对接的有8条，与江西对接的有4条。

铁路方面，以武汉为核心至邻近省市2小时高铁圈已基本成型。连接湖南省常德市和岳阳市与江西省九江市的常岳九铁路已经开工建设，是国家洞庭湖生态区建设的重要项目。同时，南昌至赣州、赣州至深圳、武汉至西安、重庆至郑州等铁路以及武汉城市圈、环长株潭城市群等城际铁路也在紧锣密鼓地规划和建设中。

水运方面，2012年7月，长江中游湘鄂赣皖四省水运规划座谈会在湖北宜昌召开，会议决定建立长江中游水运规划工作联系制度，9月又联合签署了水利发展合作协议，就加强防洪保安、水资源综合利用、跨省水利项目建设等方面的合作达成一致共识。2015年4月23日，长江中游城市群水运合作联席会在湖北武汉召开，湘鄂赣三省港航部门负责人，就打破行政区划壁垒、加强水运交流与合作等问题进行研讨，并共同签署水运合作备忘录，此后三省将在规划对接、航道连通、港口合作、企业抱团、安全应急、信息共享、资质互认等领域加强合作，并将发挥武汉港、岳阳港、九江港的承上启下作用，加强港口企业间的分工合作，并实行水上交通安全监管信息共享，加强事故和险情应急联动等。2017年12月12日，长江中游城市群水运合作第三次联席会议在湖南省长沙召开，三省港航管理局共同签署了《长江中游城市群水运合作第三次联席会议备忘录》，重点提出在规划对接、设施互通、港口群一体化、市场管理、水运绿色发展、安全监管、船员管理、船舶检验技术等11个领域加强深度合作、互助共赢，以开创长江中游城市群水运发展的新局面。

二、推进产业发展一体化

2012年4月，湘鄂赣三省工信部门在武汉签署了《湘鄂赣三省加强长江中游城市集群产业一体化战略合作协议》，长江中游城市群产业一体化启幕，湘鄂赣三省将发挥资源禀赋和比较优势，鼓励扩大相互投资，推进产业融合发展，加快主导优势产业集聚，提升区域产业综合实力，推进跨省域企业间协作配套和产业合作互补，完善上下游产业链，提升区域产业集中度，打造区域富有活力的现代产业集群。目前，长江中游城市群在旅游、工业信息化、农业、文化产业等行业分别签署了一体化战略合作协议并达成发展共识。

旅游方面，长江中游城市群以岳麓书院、滕王阁、黄鹤楼等著名景区为依托，共建长江旅游黄金带和中部高铁旅游协作区，联合推广“一程多站式”

旅游，开放旅游市场。2012 年 2 月，湘鄂赣三省签署了旅游业合作协议，4 月，三省在青岛中国国内旅游交易会上共同推出了“中三角”的概念，随后三省旅游部门联合举办了“万人畅游湘鄂赣”活动。2012 年 4 月 18 日，在武汉召开的长江中游旅游一体化会商会议上，三省通过了《“长江中游”旅游合作发展 2012 年行动计划》和一揽子工作方案，谋划构建“长江中游”旅游协作区，共同打响“一江两湖三名楼”的世界旅游品牌，创建以韶山、井冈山、大别山为依托的全国红色旅游示范区。2013 年，武汉、长沙、南昌与合肥四市旅游部门在武汉成立“长江中游城市群四省会城市旅游发展合作组织”，携手打造中部地区“无障碍旅游区”，并在会后联合推出旅游优惠联票，促进了长江中游城市群旅游产业一体化发展。此外，湖南与湖北两省共同编制了《洞庭湖生态经济区旅游发展规划（2012—2020）》，进一步支持了湘鄂两省的旅游一体化发展。2015 年 5 月，长江中游城市群省会城市旅游合作会商会召开，四省会签署了《2015 长江中游城市群省会城市旅游合作会商会（合肥）纲要》，长江中游城市群旅游年卡在武汉开售，四省会市民可持年卡一年内不限次数游览四市 43 个旅游景点。

农业方面，湘鄂赣三省地形地貌相似，耕作制度接近，三省农业厅按照“加强合作、优势互补、协调行动、开放公平、共同发展、互利共赢”的原则推进农业交流与合作，促进互利共赢。2012 年 5 月 4 日，三省农业部门在武汉共同签署《湘鄂赣三省农业合作协议》，此后三省农业产业、农产品市场、农业技术、农业信息交流、农业资源保护等方面的合作逐步展开。目前，三省已经在推动农业科技合作以及农业生态和资源保护协作方面取得了较大进展。三省共建杂交水稻国家重点实验室，开展种质资源创新、超级稻新品种研发，开展绿色增产模式联合攻关，加强农机农艺融合，推进水稻、油菜全程机械化生产。同时，共同开展长江水生物种资源保护、人工增殖放流，并加强重大农作物病虫害和动物疫情监测和防控，协作开展外来农业有害生物监测，防控农业面源污染等。2016 年 4 月 20 日，武汉市农科院、合肥市农科院、南昌市农科院、长沙市蔬菜科学研究所共同签署协议，组建长江中游城市群农业科技创新战略联盟，这对促进区域重大农业科技成果产出、高效转化和产业升级、实现一二三产业的融合发展具有重要意义。

文化产业方面，湘鄂赣三省为促进长江中游城市群文化产业一体化大繁荣进行了紧密合作。2012 年 7 月，三省共同签署了《文化发展战略合作框架协议》和《公共图书馆联盟协议》，在建立联席会议制度、舞台艺术演出、红色题材作品巡回展、演艺市场开发、文物保护利用、非物质文化遗产生产性保护技艺展、公共图书馆联盟建设等方面展开广泛合作。为促进演出市场一体化的形成，2012 年 4 月 18 日，中国中部“中三角”演艺联盟暨武汉地区演出院线联盟在武汉成立。2013 年 3 月，三省签订了《新闻出版发展合作协议》，共同促进新闻出版业的发展。4 月 26 日，湘鄂赣皖四省文化厅联合主办了“艺脉相乘——鄂湘赣皖当代漆艺、陶艺作品展”，5 月又联合主办了第一届湘鄂赣皖非物质文化遗产联展，系统地向公众展示了四省的非遗精品。2015 年 4 月 9 日，武汉、长沙、南昌、合肥等地的文化界代表达成《长江中游城市群“3+1”演出联盟——武汉共识》，通过联盟运作，建立长江中游城市群统一、高效的演出市场体系，实现演出信息、演出剧目、演出场地等资源共享，突破传统的单打独斗的市场操作方式，以规模化优势吸引国内外演出商，从而提升长江中游城市群在全国演出市场中的综合竞争力，活跃长江中游城市群演出市场。

三、推进市场一体化

目前，长江中游城市群主要在合理促进市场流通环境一体化、共同打造市场主体准入环境一体化、努力加快企业信息体系建设一体化、大力实施监管执法一体化、深入开展消费区域维权一体化、积极构建打击传销区域防控一体化、稳步构建区域工商信息化建设一体化、探索推动干部交流互动一体化等十个方面加强合作。

2012 年 4 月 11 日，长江中游地区小商品产业发展峰会在湖南岳阳举行，会议就长江中游小商品市场建设和发展进行了交流。2012 年 9 月 20 日，《湘鄂赣三省工商行政管理战略合作框架协议》在湖北武汉正式签订，标志着长江中游市场一体化建设从此迈入了一个新纪元。2013 年 10 月 22 日，湘鄂赣皖四省工商行政管理高层联席会议在长沙召开，会议签署了《湖南、湖北、江西、安徽四省工商行政管理战略合作框架协议》和《湘鄂赣皖工商部门推进工商登记制度改革促进市场主体发展合作子协议》，研究确定了发挥工商行政管理职能、加强区域协助、携手促进经济社会加快发展的有效措施。自湘鄂赣皖消费维权协作平台建立以来，取得了以下三大成果。一是建立了省际消保联席会议制度。2013 年 6 月，由湖北省工商局发起，在湖北省黄石市召开了湘鄂赣皖“消费维权与信息化”首届联席会议。2014 年 8 月，轮值单位湖南省工商局在长沙牵头召开湘鄂赣皖“重点领域监管维权联动与信息交流”第二届联席会议。两次会议分别签署了消费维权合作备忘录。二是创设了 9 项协作制度和机制。如消费纠纷异地受理和专办、商品质量抽检信息交流、跨区域消费侵权案件协办、群体事件联手应急处置等。区域内“12315”数据分析报告共享、消保地方性立法借鉴、异地网购消费投诉处理等方面的协作也逐步展开。湖南省工商局、省消委会牵头承办了“2013 年中国中部最受消费者喜爱的农产品品牌”推荐、公示活动，湖北省工商部门积极响应，区域协作的凝聚力、影响力不断增强。三是推动了信息化系统对接。湖北省工商局牵头制定了《湘鄂赣皖 12315 平台联网技术方案》，以推动四省维权系统联网对接。依托全国工商专网，在四省数据交互基础上，实现跨省投诉异地流转、处理结果反馈等功能，为异地纠纷网上转办、处理和数据共享提供网络技术支撑。2015 年 4 月，《长江中游城市群四省会城市公共资源交易（招投标）市场一体化发展行动方案》发布，以共同促进区域公共资源交易（招投标）市场繁荣发展、推动建立开放、公平、有序的区域市场格局。①

四、推进生态文明一体化

“长江中游地区”被《全国主体功能区规划》列为“国家重点开发区域”，要坚持环境与经济协调发展，科学合理利用环境承载力，推进工业化和城镇化，加快环保基础设施建设，严格控制污染物排放总量，做到增产不增污，有效遏制生态环境恶化趋势。在《全国主体功能区规划》的指导下，湖北、湖南、江西和安徽发布了各省的主体功能区规划，并推进规划实施。2013 年 9 月，通过积极争取，湖北省被纳入国家生态红线划定试点省份，以切实把构建国土生态安全格局、保障区域生态安全、推进生态文明建设落到实处。

长江中游四省加大生态环保建设力度，设立了各种自然保护区。2013 年的数据显示，湖北省建立国家级自然保护区 13 个、省级自然保护区 21 个、市级 21 个、县级 11 个，共 66 个；江西省建立国家级自然保护区 10 个、省级保护区 35 个、市级 1 个、县级 153 个，共 199 个；湖南省建立国家级自然保护区 23 个、省级保护区 28 个、县级 72 个，共 123 个；安徽省建立国家级自然保护区 6 个、省级保护区 29 个、市级 2 个、县级 69 个，共 106 个。长江中游地区初步形成了以国家级自然保护区为核心和龙头，省级自然保护区为骨干和主体，市、县级自然保护区为网络和基础的保护区体系。经过努力，四省的生态环境有了一定的改善。以江西为例，环鄱阳湖城市群生态环境逐步改善，长江九江段水质整体评价为优，鄱阳湖Ⅰ～Ⅲ类水质点位比例为 52.9%。再如湖

① 李琳．长江中游城市群一体化模式选择与机制研究：基于市场、产业、空间三维视角［M］．北京：社会科学文献出版社，2019.

北省，2013年水质总体保持在良好，汉江干流水质总体为优，长江干流、长江支流和汉江支流水质总体为良好。①

长江中游地区以“两型”社会建设为抓手推进生态文明建设。2007年12月14日，武汉城市圈和长株潭城市群被批准为全国资源节约型和环境友好型社会建设综合配套改革试验区，长江中游城市群“两型”社会建设由此正式开始。湖北省政府每年要向社会公布武汉城市圈节能减排工作完成情况，对没有完成任务的地区和单位，予以通报批评，责令限期整改，并暂停审批新增污染物排放总量的建设项目。湖南在“两型”社会建设中，加速推进新型工业化，着力推进传统产业高新化、“两型”产业规模化、特色优势产业集群化发展，相继开工建设大飞机起落架、千亿轨道交通设备等一批重大产业项目，突破了新能源汽车、轨道交通高速机车交流技术等一批关键核心技术，“两型”产业发展步伐不断加快，工业经济呈现“规模扩大、效益提升、结构优化、后劲增强”的良好发展态势。国家批复《鄱阳湖生态经济区规划》以来，江西积极开展先行先试，启动湿地生态补偿试点，力争林权、水权、碳汇、排污权等资源环境产权交易试点取得实质性进展，加快推进环鄱阳湖城市群建设，以走出一条生态与经济协调发展的路子。

长江中游城市群在生态文明建设中，注重建立制度框架体系。四省出台了一系列的环境保护法规。如《湖北省环境保护条例》《湖北省节约能源条例》《湖北省资源综合利用条例》《湖北省湖泊条例》《湖北省水污染防治条例》《武汉城市圈资源节约型和环境友好型社会建设综合配套改革试验促进条例》《湖南省林业条例》《湖南省农业环境保护条例》《湖南省湘江保护条例》《湘江流域重金属污染治理实施方案》《江西省环境污染防治条例》《江西省水资源条例》《江西省河道管理条例》《江西省机动车排气污染防治条例》《安徽省环境污染防治条例》《安徽省水工程管理和保护条例》《安徽省林地保护条例》《安徽省矿山地质环境保护条例》《巢湖水源保护条例》等法规。湖北省还出台了《关于大力加强生态文明建设的意见》等重要文件，湖南省建立了资源节约价格杠杆调节机制，实行绿色电价，试行分质供水和阶梯式水价；积极探索环境保护的市场化运作机制，实施环境污染责任强制性保险试点，对流域内51个市县实行省级财政生态补偿等。

① 秦尊文，陈丽媛．推进长江中游城市群生态文明建设一体化［J］．理论月刊，2014（9）：5-9.

五、推进公共服务一体化

湘鄂赣皖四省打破地域界限，在教育、文化、医疗、卫生等社会事业领域共同探索如何实现公共服务均等化。2012 年 6 月 21 日，江西、湖南、湖北三省在武汉签订《长江中游城市群卫生事业发展武汉共识》，三省卫生部门就打破行政区划限制、跨越省际体制障碍、突发公共卫生事件应急合作、新型农村合作医疗跨省结算、血吸虫病联防联控、中医药继承与创新、医学科研领域联合攻关、卫生信息互联互通八个方面达成共识。2013 年 4 月 11 日，四省协商决定建立应对人感染 H7N9 禽流感疫情信息交流与会商机制，一旦发现疫情，四省将第一时间互报信息，及时组织联合防控。此外，四省还共同加强区域性和流域性血防工作，在毗邻地区推进同步查、灭螺，同步查、治病及扩大化疗，同步进行家畜管理，同步改水厕，同步进行健康教育，同步进行疫情监测的“六个同步”工作。

四省教育部门鼓励省际高校开展联合办学和学科共建等多种形式的交流与合作。2012 年 8 月 21 日，湘鄂赣三省教育厅合作正式启动。三省教育合作协议确定建立省际教育联席会议制度，由三省教育厅主要领导作为召集人，轮流组织召开省际教育联席会议，集体协商、研究解决教育合作重大问题。此外，长沙、合肥、南昌、武汉四市的教育合作协议也于 2013 年 2 月签署。三省还积极推动建立以实现高校毕业生就业信息的网络链接和共享等为主要内容的高校毕业生就业工作联盟。2013 年 5 月 23 日，湘鄂赣皖四省共青团组织联合签署《全面加强长江中游城市群（中三角）青年创业就业工作战略合作框架协议》，中三角区域共青团组织将充分发挥组织动员优势，共助有志青年投身创新创业实践。

在创新合作方面，四省形成区域科技联席会议制度，在共同申报、承担国家科技计划、推动创新平台人才及科技项目交流与合作、开展大规模产学资对接洽谈和技术交易等方面开展合作。武汉、长沙、南昌、合肥四市召开了科技合作联席会议，签订了科技合作协议，开通了门户网站，实现了四城市专家库共享。

第三节　政府、企业及社会组织合作现状

目前，长江中游城市群间的合作以政府间的合作较多，而企业和非政府组织间的合作较少；其合作以交通、旅游、文化、商务等为重点，以联席会议为

主要形式。当前合作主要存在国家层面支持力度不够，非政府组织作用未充分发挥，区域利益共同体尚未形成，区域城镇化水平不高，区域一体化程度不够，合作保障机制不完善等问题。为完善长江中游城市群合作机制，要抓紧编制长江中游城市群一体化发展规划，设置协调建设的专门机构，发挥非政府组织的主体作用，加快新型城镇化建设，加快推进一体化进程，完善法律制度保障。

一、政府间的合作

省际高层合作。2012 年 2 月 10 日，湘鄂赣三省在武汉签订《加快构建长江中游城市集群战略合作框架协议》，建立了三省高层间定期会晤的省际联席会议制度。2013 年 4 月 7 日，湘鄂赣皖四省在海南博鳌亚洲论坛上联袂举办长江中游城市群主题宣传活动，与国际政要、知名企业家、学者共话长江中游城市群发展战略，共谋区域协同发展良策。

省际部门合作。据统计，自 2012 年 2 月 4 日湘鄂赣皖四省交通部门签署第一个部门间合作协议，到 2013 年 5 月底，先后共有交通、旅游、商务、经协、科技、经信、农业、卫生、知识产权、文化、教育、水利、工商、国防科工、党史等 15 个部门签署了省际合作协议，初步建立了各部门间的合作机制。2013 年 9 月 26 日，国家发改委地区经济司在湖北省武汉市组织召开长江中游城市群一体化发展规划前期工作会议，湘鄂赣皖四省发改委负责同志和有关专家参加了会议，就推进一体化规划编制工作进行了部署。

市际高层合作。长江中游城市群市际高层合作主要在长沙、南昌、合肥、武汉 4 个省会城市以及岳阳市、九江市、咸宁市的“小三角”之间展开。2013 年 2 月 23 日，长江中游城市群省会城市首届会商会在武汉举行，长沙、南昌、合肥、武汉 4 个省会城市负责人共同签署了《长江中游城市群暨长沙、合肥、南昌、武汉战略合作协议》。2012 年 4 月 19 日，岳阳市、九江市、咸宁市三市市长在岳阳签署了《湖南省岳阳市、江西省九江市、湖北省咸宁市区域合作框架协议》。

市际部门合作。2012 年 3 月 13 日至 14 日，武汉、长沙、南昌三市团委在武汉举办青年发展论坛，共同签署了《武汉 · 长沙 · 南昌“城市合作发展、青年协作交流”战略框架协议》。2012 年 4 月 19 日，岳阳市、九江市、咸宁市三市旅游局长在岳阳签署了《湖南省岳阳市、江西省九江市、湖北省咸宁市区域旅游合作协议》。2012 年 5 月 31 日，岳阳市、九江市与咸宁市三市交通运输局签署《湖南省岳阳市、江西省九江市、湖北省咸宁市交通运输发展框架协议》。2012 年 7 月 11 日，岳阳市、九江市与咸宁市三市商务局签署《关于共同促进区域商务事业发展加快“小三角”城市区域市场一体化进程战略合作协议书》。2013 年 2 月 23 日，长江中游城市群省会城市首届会商会举行，长沙、南昌、合肥、武汉 4 市宣传、经信、教育、科技、规划、环保、交通运输、商务、文化、卫生、旅游等 11 个部门分别签署合作子协议。2013 年 6 月 18 日，首届长江中游城市群建设论坛暨四省会城市社科院（联）会商会在武汉隆重召开。

二、企业间的合作

湖北武商、中百、工贸家电等企业赴湘赣两省考察，跨省拓展的意愿强烈，湖北格林美公司废旧商品回收网络已经辐射湘赣，并在江西建立回收加工基地，着力打造中三角循环产业圈。2012 年 2 月 24 日“中三角商务网”精彩上线。2012 年 4 月 18 日，中国中部“中三角”演艺联盟暨武汉地区演出院线联盟在武汉成立。2012 年 9 月 18 日，湘鄂赣三省商务厅和中企万盟国际集团在武汉联合主办中三角中美企业投资并购对接会，湘鄂赣 30 多家企业汇聚武汉，共商赴美投资大计。2012 年 10 月 18 日，湘鄂赣三省新华书店在武汉签订《湖南、湖北、江西新华书店发行产业联盟战略合作框架协议》。2012 年 12 月 22 日，楚商资本集团正式挂牌成立，这是目前湖北乃至华中地区最大的民营企业和民营投资机构。2013 年 1 月 20 日，中部传媒合作与发展论坛暨中部传媒战略合作协议签字仪式在武汉举行，江西日报传媒集团、湖南日报报业集团和湖北日报传媒集团出席论坛，共同签署《中部传媒战略合作协议》，安徽日报报业集团以观察员身份参会。2013 年 4 月 19 日，湘鄂赣皖四省 10 家城市商业银行齐聚武汉签署《战略发展业务合作协议》。

三、非政府组织间的合作

商会方面，湘鄂赣皖四省间互设有异地商会，如湖北省湖南商会、湖南省江西商会、江西省湖南商会等，它们在推进省际交流合作方面发挥了积极作用。湖北省湖南商会在武汉市硚口区建有湘商大厦，是湖北省首个以外省商会命名的大厦，商会还办有《湖南人》杂志。2012 年 12 月 1 日，以“楚商崛起与中三角发展”为主题的中国楚商合作发展论坛暨 2012 楚商年会在北京会议中心举行，会议深入剖析楚商崛起与中三角发展之间相互促进、相互发展的紧密联系。2013 年 5 月 19 日，湖北省楚商发展促进会等主办的“第三届楚商论坛”举行，会议以“重塑楚商形象、打造楚商商帮”为主题。行业协会方面，

2013 年 4 月 18 日，长沙、合肥、南昌、武汉四市餐饮协会在武汉签署《长江中游城市群暨长沙、合肥、南昌、武汉餐饮行业协会合作协议》，约定每年召开一次四市餐饮行业协会工作联席会议，举办高规格餐饮发展高峰论坛，搭建四市餐饮信息交流平台，实现信息资源互通共享等。

学术性组织方面，2012 年 5 月 16 日，以“共建中三角‘智造’新引擎”为主题的“长江中游城市集群发展论坛”在湖北经济学院开幕，论坛强调城市群建设要超越行政思维、联合推动城市群建设避免零和游戏、避免主次之争和产生从属争议，实现多重正外部性，从而为长江中游城市群的建设提供智力支持。2012 年 7 月 7 日，中国企业家论坛 2012 年夏季高峰会在湖北武汉正式开幕，峰会主题为“中国大市场——从珠三角、长三角到中三角”，并发布《关于“中三角成为国家战略”的倡议》。①

四、合作现状评述

第一，从合作层次来看，政府间合作多，企业和非政府组织间合作少。政府间省会城市合作多，非省会城市合作少。企业间贸易和金融类企业合作多，其他企业合作少。非政府组织间商会和学术组织合作多，其他组织合作少。第二，从合作深度看，政府间合作较深入，企业间和非政府组织间合作深度不够。政府间，交通、旅游、商务等部门合作较深入。企业间，贸易和金融类企业合作较深入。非政府组织间，商会和学术组织合作较深入。第三，从合作广度看，经济、文化、教育、水利、交通等政府部门开展了广泛合作，公安、民政、人口和计划生育等部门尚未开展合作。企业只有演艺、图书、银行、传媒等少数行业开展了合作。非政府组织的商会、行会、学会也开展了合作。第四，从合作重点看，政府以交通、旅游、文化、商务等部门合作为重点，企业以贸易、投资金融为重点，非政府组织以商务合作和学术研讨为重点。第五，从合作形式看，政府以联席会议为主，企业以跨区投资和建立联盟为主，非政府组织以商会活动和学术论坛为主。

第四节　区域经济一体化面临的挑战

长江中游城市群在推动区域经济一体化的同时，也面临着市场分割严重、

① 龚胜生，张涛，丁明磊，等．长江中游城市群合作机制研究［J］．中国软科学，2014（1）：96-104.

基础设施一体化程度不高、生态文明建设任重道远等诸多挑战。

一、行政壁垒和市场分割严重的挑战

区域经济一体化最大的障碍就是隐藏于行政区域背后的行政壁垒及其产生的地方保护主义。长江中游城市群各省市间的行政壁垒尚未被打破，导致诸多合作障碍：产业选择方面，由于缺乏统一规划和协调，产业重构和恶性竞争比较严重；人才流动方面，由于户籍制度及地方政府就业压力的影响，各地对外来人口就业通常都采取歧视性政策；企业发展方面，跨区域的企业在区域交界地区面临水、电、路等相互分割的状态，而且各地为保障本地就业及税收，经常采取手段阻碍企业自由跨区域发展；基础设施建设方面，各地往往以本区域利益为重，导致沟通衔接不够。

长江中游城市群分属于不同的行政区划，各级行政区划层次较多，行政隶属关系复杂，地区之间协调难度较大。且长期以来，各个行政区各自为政，存在明显的行政壁垒和地方保护主义，严重阻碍了资金、技术、劳动力等生产要素的自由流动和合理配置，也妨碍了社会管理政策的整合，制约了区域经济一体化的进程。同时，武汉城市圈、环长株潭城市群、环鄱阳湖城市群分别处于自己的一体化基础阶段，这必然使得三个子区域内部合作远远大于区域之间的合作；而且，三个子区域之间相互竞争激烈，争资源、争人才、争政策，合作意识与机制尚未形成，导致社会管理体制改革相对滞后，难以适应区域经济一体化的要求。

二、基础设施一体化程度有待提高

长期以来，长江中游城市群各区域习惯于利用自身优势在本行政区内配置资源，形成相对独立发展的路径和格局，在短期内未能完全扭转。特别是在基础设施建设方面，虽然总体水平逐步提高，布局渐趋合理，网络日益完善，但由于跨省基础设施的建设和运营涉及成本和收益问题，基础设施大多被分割在各行政区划内，共建共享有相当大的难度，至今尚未形成一个面向整个城市群的一体化基础设施网络。例如，在城市群内部，部分交通设施不对接、功能不完善，基础设施的共建共享受到很大制约；一些公路设施等级水平较低，相邻行政区的边界处尚存在不少断头路和瓶颈路。内河航道和港口建设效率低下；缺乏高效的运输管理手段和相对完善的保障系统，公共运输信息系统传输速率较慢。这些基础设施的不完善在一定程度上影响了区域经济一体化的推进。

三、基本公共服务制度、支出标准及内容不统一

科学合理的制度设计可以更好地实现公共服务的公平、高效供给。目前，长江中游城市群三个子区域之间尚未建立起区域基本公共服务一体化供给的协作管理机制，在体制机制设计上未充分考虑基本公共服务要素在不同地区之间的自由流动和有效对接，各市政府难以协调决策、统一行动。此外，受多种因素影响，各地政府提供的基本公共服务不仅支出标准不完全一致，而且所涵盖的内容也各具特色。如小城市的民生财政支出主要用于转移农村劳动力就业、帮助贫困人口脱贫、实施新农村合作医疗保险、加强义务教育等，而对于诸如武汉、长沙等大城市来说，其民生财政支出则主要用于城市居民养老保险、高等教育、交通通信网络、文化娱乐设施等。①

四、生态文明建设任重道远

因受自然因素和人为因素的双重影响，在长江中游城市群地区一些湖泊和湿地出现一定程度上的面积缩减，生态环境趋向退化，其中洪湖、洞庭湖、鄱阳湖等湖泊水域面积逐渐缩小、水质降低，影响其防洪调蓄能力及生态调节能力。由于该地区广泛分布着钢铁、有色金属、化工等污染较为严重的工业，污染排放量较大，环境治理能力偏低，导致了区域环境污染加剧。湘江流域重金属污染较为严重，水质严重下降，鱼类大幅减少，饮水安全问题凸显，农作物大幅减产也使得农民增收困难。长沙、黄石、宜昌、咸宁等城市为重酸雨区，武汉、荆州、常德、九江为中等酸雨区。多数城市 PM10、PM2.5、SO_2、NO_2、CO 等多项空气污染指标超标。赣南、鄂东和湘西北地区水土流失严重。由于各地区从自身利益出发，生产过程中不计“外部成本”地排放污染，导致跨区域、跨流域的生态环境保护效果不佳。大量化工企业沿江近水布局使得水体污染容易扩散到周边地区，给它们造成严重的安全隐患。

第五节 区域协调发展与合作路径

区域经济合作是长江中游城市群区域经济一体化的重要经济特征。

① 王艳慧，王亚东．长江中游城市群基本公共服务一体化战略选择［J］．北方经济，2015（3）：52-54.

一、实施增长极发展战略

增长极理论认为，主导部门和有创新能力的企业，在某些地区或大城市的聚集发展而形成的生产、贸易、金融、科技信息、人才、交通运输、服务、决策等经济活动中心恰似一个磁场，能够产生较强的吸纳辐射作用。它不仅加快了自身的发展，通过向外扩散还带动了其他部门和所在地区以致周边地区的经济增长。① 长江中游城市群经济发展应该实施增长极发展战略，即以武汉、长沙和南昌为增长极，其中以武汉为中心，以长沙、南昌为支撑，来引领、辐射、带动区域经济发展。武汉素有“九省通衢”之称，商贸繁荣，市场容量大，科技发达，工业基础雄厚，制造业发达。武汉是长江中游城市群中唯一一座有能力打造成区域金融中心、商贸中心、科教中心和综合交通枢纽中心的城市。建议国家加大对长江中游城市群发展的支持力度，加快推动武汉建成国家中心城市，引领、带动长江中游城市群经济社会的统筹发展。另外长沙、南昌作为长江中游城市群中仅次于武汉的地区核心城市，基础设施齐全、工业体系完善，两市已经相继建设了一大批大中型骨干企业，应充分发挥自身的比较优势，加快优势产业的发展，与武汉遥相呼应，共同推动长江中游城市群地区经济良性发展。②

二、加快产业结构调整，优化区域产业合作

首先要完善绩效考核机制，转变地方领导政治晋升观念。经济的增长应以为人民谋福利为宗旨，政府官员的绩效考核也应以其行为是否促进人民福利为内容。其次，要优化生产力布局，深化产业分工体系。理论上，产业分工受限于市场规模的大小，而市场规模扩大可以促进产业分工深化，市场规模与分工专业化动态循环是一个不断累积强化的过程。市场规模的扩大促进区域劳动力、资本、信息、技术等要素的流动，以及本地市场效应与产业集聚外部效应的发挥。由于长江中游城市群地区受区域市场规模和制度约束，其产业价值链延伸与关联度偏低，本地市场效应和区域产业合作优势没有得到充分发挥。因此，可以结合自身的资源禀赋、经济发展水平、市场化程度，加快推进地区市场化进程和地方政府资源获取方式的转变，优化生产力布局，扩大区域市场规

① 史忠良．新编产业经济学［M］．北京：中国社会科学出版社，2007.

② 吴志军．长江中游城市群协调发展及合作路径［J］．经济地理，2015（3）：60-65.

模，深化区域产业分工体系，来治理制度性产业结构趋同。①

三、加快武汉区域金融中心建设

货币是再生产的推动力。武汉区域金融中心的建设具有历史和现实的客观基础，武汉区域金融中心的打造至少应从以下四个方面进行努力。第一，积极争取金融扩张政策，适度提高金融相关率等指标，充分发挥金融对经济的刺激和带动作用。第二，积极培育地方政府债券发行机制。长江中游城市群应积极争取获得发行地方政府债券的权力，通过发行地方政府债券可以缓解基础设施建设的资金压力，还可以此为基础在武汉建立地方债券交易平台，丰富武汉金融市场的功能。第三，争取金融先行政策，重点解决中小企业融资难的问题。武汉作为长江中游城市群的中心城市，应争取在温州金融改革试验区各项改革试验的基础上，尽快将各种成功经验引入，使武汉成为继温州之后领先试行各项改革措施的地区。②

四、积极承接产业转移

长江中游城市群要从自身区情的特殊性出发，加强研究和采取各种有效措施，搞好承接沿海发达地区产业转移的工作。首先应该出台必要的承接产业转移优惠政策。通过税收减免政策、贸易优惠政策、人才支持政策等优惠政策，来增强对产业转移企业的吸引力。其次，要通过完善政府服务，加强机关行政效能建设，建设良好的软环境来吸引产业转移。要有效吸引产业转移，就必须为外来企业创造良好的发展环境，简化有关投资项目审批办事手续，主动为客商提供各项服务，保护投资者的合法权益。加快信息服务、信用评价、人才培训、法律服务、投融资担保等社会中介服务体系建设，为承接产业转移提供高效便捷的各类中介服务。最后，建设好工业园区和产业集中区，方便外来企业落户和投资办厂。工业园区和产业集中区是推进工业化的“洼地”和有效载体，具有集约利用土地、共享基础设施、培育产业集群、促进城镇化发展的作用。要从有利于承接产业转移的需要出发，合理规划和建设好工业园区和工业

① 林民书，刘名远．制度性产业结构趋同内在机理及其治理对策路径研究［J］．经济问题探索，2012（6）：11-16.

② 吴少新，彭芸，张世晓．加快武汉区域金融中心建设 构建中三角城市群发展核心平台［J］．湖北经济学院学报，2012（4）：5-8.

集中区，完善相关配套服务，方便外来企业落户和办厂经营。①

五、合理引导消费，促进经济增长

消费对经济的增长作用日益明显，长江中游城市群地区人均消费水平低下在很大程度上制约了地区经济的持续发展，要改变这一局面最重要的是提高居民收入，缩小收入差距，完善社会保障制度，增强居民消费信心。另外，长江中游城市群地区农村人口比例大，农村市场潜力大，因此要特别注意增加农民收入，激活农村消费市场。进一步加大对“三农”投入，加快农村基础设施建设，引导农民转变农村生产经营方式，发展优质高效农业和特色种养殖业，切实增加农民收入，缩小城乡居民收入差距。逐步提高扶贫标准和最低工资标准，提高低收入者的收入水平，扩大中等收入者的比重，缩小地区和不同行业人群的收入差距。引导居民消费，使居民树立消费信心，进一步扩大消费信贷范围，大力发展住房信用消费、汽车信用消费和信用卡消费。

---

① 李泽民．基于中国国情的产业转移动力机制探究——兼论我国欠发达地区积极承接产业转移的基本对策［J］．学术论坛，2007（11）：122-127.

第六章　武汉城市圈与融入长江中游城市群

武汉城市圈、环长株潭城市群、环鄱阳湖城市群是长江中游城市群的重要组成部分，是实现长江中游城市群区域经济一体化发展的重要支撑。其中，武汉城市圈是长江中游城市群的首位子群。

第一节　武汉城市圈发展历程及现状

一、武汉城市圈发展概况

武汉城市圈，又称武汉“1+8”城市圈（见图 6-1），是指以中国中部最大城市武汉为圆心，涵盖黄石、鄂州、黄冈、孝感、咸宁、仙桃、潜江、天门等周边 8 个大中型城市所组成的城市群，武汉为中心城市，黄石为副中心城市。2007 年 12 月，国务院批准武汉城市圈为全国资源节约型和环境友好型社会建设综合配套改革试验区。2018 年，武汉城市圈以占全省 53. 57%的人口贡献了全省 63. 25%的国内生产总值、64. 72%的社会消费品零售总额以及 64. 83%的地方财政一般预算收入（见表 6-1），是湖北经济实力核心区，真正起到了承东启西、连接南北的关键作用。

表 6-1　　**武汉城市圈 2018 年主要经济指标**

	武汉城市圈	湖北省	比重（%）
人口（万人）	3169. 6	5917	53. 57
地区生产总值（亿元）	24897. 5	39366. 55	63. 25
货物进出口总额（亿元）	2782. 68	3487. 2	79. 80
社会消费品零售总额（亿元）	11865. 72	18333. 6	64. 72
地方财政一般预算收入（亿元）	2143. 99	3307. 08	64. 83

图 6-1 武汉城市圈范围

二、武汉城市圈发展阶段

武汉城市圈大致经历了以下三个阶段的发展演化过程：

第一阶段：近代至中华人民共和国成立以前，城市相对独立发展，区位条件对城镇分布的影响较为显著。在这一时期，由于交通方式不发达，城市之间的关联度比较低，自然条件对经济联系的影响较大。城市圈内武汉、黄冈、孝感等城市由于具有良好的区位条件，发展成为圈内重要的城市。

第二阶段：自中华人民共和国成立至改革开放前，计划经济下的行政区划调整与重大项目建设，奠定了武汉城市圈城镇格局的基础。武汉城市圈内的行政区划经过了历次调整，武汉、黄冈、孝感、咸宁等行政区域不断变化。中华人民共和国成立初的重大项目建设为城市圈内诸多城市的发展奠定了空间框架基础，逐渐形成了关山、武钢等大型工业区。与此同时，安陆、潜江等城市也建设了农业机械厂、江汉油田等三线企业，夯实了这些城市的工业基础。

第三阶段：改革开放以后，城镇发展呈现出新的特点。经济建设资金的进入，使得交通设施、城市的发展水平较之以往有很大的进步，城市因通过招商引资等手段吸引的各种资金迎来了新的发展契机，加上其间数次的行政区划调整，城镇发展格局与历史时期相比有了较大的变化。特别是 21 世纪以来，在经济一体化背景的影响下，“武汉城市圈”从正式命名到上升至战略层面已经走过近 20 载光阴。

从直接转化为决策的角度讲，“武汉城市圈”的最初动议来自湖北省社会科学院。《发展大武汉集团城市的构想》（陈文科，2002）、《谈大武汉集团城市发展方略》（秦尊文，2002）指出，集团城市的内聚力表现为具有吸纳大量人力、物力和财力的能力。城市圈在发展演化中凝结了较大地区范围内的文化、科技、教育力量，强化了城市圈的内聚力。城市圈能够克服单个城市在资源、幅员等方面的不足，在更大的区域范围内调整资源配置，实现圈内城市的共同成长。城市圈的形成过程实际上也是各城市之间关系越来越密切的过程。发达的交通条件使生产要素和产品流动加速，从而使城市圈内各城市能够摆脱自身资源的局限和市场不足的弊端而得以更好地发展。一个内部经济发展协调的城市圈可以使地理位置、生产要素和产业结构不同的各等级的城市承担不同的经济功能，在区域范围内实现单个城市无法达到的规模经济和集体效益。国内外的经验表明，以大都市为核心和主要增长极的城市群或城市圈对整体经济的带动作用越来越明显，如我国沿海发达地区已经或正在形成的珠江三角洲、长江三角洲和京津唐三大城市圈，而实力相对较弱的武汉及周边城市更应该“抱团发展”。这几篇文章不仅论述了建设“大武汉集团城市”的必要性，还分析了其建设途径、发展方略，具有较强的指导性和可操作性，受到相关部门的高度重视。①

随后，湖北省社科院、武汉市委、市社科院、市委研究室、市委宣传部、市经协办等单位的专家组成“武汉及周边城市群研究课题组”，研究建立武汉及周边城市群的可行性问题；由武汉市委、市政府牵头召开武汉及周边城市领导座谈会，商讨武汉城市群发展的战略构想和发展思路，定名“武汉城市圈”并达成以下共识：一是充分认识加快武汉城市圈建设的重大意义；二是推进武汉城市圈发展的目标与思路；三是加强统一规划，推进基础设施建设一体化；四是集聚产业群，推进产业布局一体化；五是加快共同市场建设，推进城市圈区域市场一体化；六是统筹城乡发展，推进城市建设一体化；七是进行体制创新，加强政府协调。

《武汉城市圈总体规划》根据武汉城市圈建设的总体要求，突出产业布局、基础设施建设、城乡发展、市场建设和生态环境保护的“五个一体化”，并通过整合、协调，以及建设区域创新体系、水土资源空间保障体系、空间管治和配套区域政策加以实施，规划期限为2007—2020年。

---

① 湖北省社会科学院．研究服务地方政府的成功实践［J］．中国社会科学院报，2008（8）：14.

2006年4月出台的《中共中央国务院关于促进中部地区崛起的若干意见》中将武汉城市圈列为四个重点发展的城市群之首，表明武汉城市圈已经上升到国家决策层次。2007年12月“武汉城市圈”被批准为“全国资源节约型和环境友好型社会建设综合配套改革试验区”，上升到了国家战略层面。2008年9月10日，国务院下文批准了武汉城市圈综合配套改革试验总体方案，使之成为继天津滨海新区之后全国第12个获批方案的试验区，也成为第一个获批方案的城市群。

2010年获批的《关于制定湖北省经济和社会发展第十二个五年规划的建议》提出，加快武汉城市圈“两型”社会综合配套改革试验区建设，即：大力推进资源节约、环境保护、科技支撑、产业发展、城乡统筹、节约集约用地、财税金融、对内对外开放、行政管理等方面体制机制创新，形成“两型”社会建设体制机制；加快圈域基础设施建设、产业发展与布局、城镇化与城乡建设、区域市场、生态建设与环境保护的一体化进程，推动圈域基本公共服务均等化；充分发挥武汉龙头作用及科教人才优势、强化系统集成、增强耦合度、提升核心竞争力；明确各城市发展定位、优化产业布局、引导错位发展、构建优势互补、良性互动、特色突出、协调发展的新格局，在“两型”社会建设方面走在全国前列。

2014年国家发改委批复了《武汉城市圈区域发展规划（2013—2020年）》，武汉城市圈一体化建设有了行动指南。规划明确指出，武汉城市圈将重点构建“一核一带三区四轴”区域发展格局和“一环两翼”区域保护格局。在构建两型产业体系、统筹城乡发展、推进绿色低碳发展、强化基础设施支撑、推动基本公共服务均等化、创新体制机制等方面，规划均提出了明确任务，一大批重点项目将陆续推进，九地居民将陆续收获一体化红利。

2015年7月22日，经国务院批准《武汉城市圈科技金融改革创新专项方案》颁布，这是国内首个区域科技金融改革创新专项方案，武汉城市圈成为国内首个科技金融改革创新试验区。

第二节　融入长江中游城市群的主要路径

一、进一步解放思想，尽快形成合作发展共识

要深化战略认识把握机遇积极作为，就必须从新的高度正确认识和形成推进武汉城市圈融入长江中游城市群发展的战略共识。以战略共识为纲领统筹全

局发展，协调和克服经济社会发展中不断出现的新矛盾和新困难。具体来说，就是遵循以下“六要”原则。

一是要按照“增长极”理论科学谋划，打造多层次“增长极”，带动整个湖北的协调发展。要以“一元多层次”战略实施为平台，优化空间发展格局。深入实施“两圈两带”总体战略和“一主两副”中心城市带动战略，坚持支持培育“增长极”城市率先发展壮大，形成多点支撑、多极带动、各具特色、竞相发展的区域格局。二是要以产业结构调整为方向，打造湖北经济升级版。把工业化与信息化、制造业和生产性服务业作为工业转型升级的重要途径，推动制造业向研发、设计、品牌、营销、服务等环节延伸，加快制造业转型升级；加快关键技术研发突破，推动传统产业提档升级；细化专业分工，深化产业融合，增强服务功能，补齐生产性服务业“短板”；加快农产品加工业、流通业和农业社会化服务业发展，助推传统农业向现代农业转型。三是要以创新驱动为动力，增强湖北发展新优势。发挥湖北科教大省优势，围绕产业链部署创新链，同步实施管理创新和商业模式创新，进一步打通科技成果向生产实践转化的通道。四是要以项目建设为重点，探索做好供给侧改革，增加有效供给淘汰过剩产能。继续抓好首批国家级、省级吸引社会参与的示范项目建设，加快实施省级重大专项计划，吸引更多社会资本进入公共基础设施建设领域。五是要以新型城镇化为抓手，加快交通、水利等基础设施建设，提升县域经济发展水平，促进城乡协调发展。六是要以人与自然和谐发展为核心，加快生态文明制度建设，建立健全生态综合治理机制，推进绿色发展、循环发展、低碳发展。

二、建立完善协作机制，推进长江中游城市群合作发展

推动武汉城市圈与长江中游城市群合作发展，要以产业对接、交通互联、创新驱动、生态保护、新型城镇化改革试验等任务方向为重点，率先落实《武汉共识》《长沙宣言》和《合肥纲要》，优先共同构建有利于武汉城市圈和长江中游城市群等区域市场一体化发展的区域协作机制。以协同创新为抓手，推动建设区域性科技创新平台和产学研科技合作链，搭建地方政策、人才、技术信息共享平台，健全技术、人才等要素跨行政区域自由流动和优化配置机制。争取国家支持长江中游城市群承接产业转移示范区和合作区建设。探索城市群共建共享产业园和优势产业联盟机制，共同接收长江经济带下游长三角产业转移与上游成渝城市群资源能源，形成全流域产业集群发展、经济协作发展模式。

三、大力推进物流一体化，加快武汉城市圈区域交通一体化建设

一是加强港口一体化建设。要通过资本、战略、港口等多方面合作，通过各港口统筹协调、配合铁水联运、公水联运系统化运营，为“北粮南运”“西煤东运”等规模化运输打开新通道，降低大宗物资往来成本。二是加强口岸一体化建设。加强海关通关、商检电子信息化改造升级，简化流程，减少重复性监管，优先打造圈内自贸区。加强武汉长江航运中心建设，联合重庆、上海推进沿江港口航运中心协作机制，探索武汉、重庆和上海港通过资产重组、互持股份、船舶标准化等方式深化合作，以提升长江黄金水道功能。三是加快圈内高速公路一体化建设。加快武汉城市圈内城市高速路网互联互通，配套港口、空港、火车站周边货运客运路网体系建设。试验推进武汉城市圈内主要城市间高速公路网络信息化管理，减少人工收费站和检查站点等设施，节约高速路网管理维护成本，进一步提高服务和管理效率。四是加快圈内路网建设金融改革试验。武汉城市圈城市可以按照股份制融资吸纳城市政府建设资金、银行贷款、地方政府债券及民间资本，成立武汉城市圈高速公路网股份有限公司，设立武汉城市圈高速公路建设基金，收购圈内各高速公路全部股权，以过路费和省市政府高速公路建设投资（补贴）资金作为经营收入，进行还本付息滚动发展，实现盈余后进一步降低圈内高速公路费等物流成本。加快融入长江经济带战略，积极推进武汉城市圈与长三角、中三角、成渝城市群的合作，优化区域投融资环境，推动市场化准入、监察管理等领域协作衔接，逐步探索建立长江流域统一的市场规则体系。

四、加快建成武汉自贸区，积极对接“一带一路”

依托长江黄金水道，大力推进东湖综合保税区与上海自贸区全面对接，加快武汉长江中游航运中心建设，加快建成武汉自贸区，优化武汉-东盟、武汉-日韩航运通道，把“海上丝绸之路”延伸到武汉及周边腹地。围绕“汉新欧”大陆桥，加强武汉与新疆口岸合作共建，大力促进两地口岸功能对接和优势互补，增强武汉及武汉城市圈对中亚、欧洲等地区进出口货运、客运能力，建立、发展与中亚、东欧以及西欧经济体的经贸联系。鼓励有条件的企业扩大“一带一路”对外工程、设计承包业务，在基础设施设计、建设，以及资源开发、高新技术产业协作、科研交流等领域深化合作。重点引导武汉及武汉城市圈优势产业和装备制造业到“一带一路”地区和国家开展“产学研”全方面合作交流，引导光电子、互联网物流、工程设计、钢铁化工、电力电信、轻工

农业等优势行业部分产能和市场向外转移。

五、完善功能区规划，做强做大优势产业

（一）完善空间布局

首先，武汉应着眼于大力发展总部经济，特别是发展现代服务业和生产性服务业等高附加值产业，鼓励企业在汉设立区域总部，优先集中布局设计、研发、运营、管理和大数据中心（总部）；提升港口在长江经济带的地位，努力将产业链条向周边城市延伸。其次，其他城市可扩大规模，在城市空间布局上，不仅要加强襄阳和宜昌省域副中心建设，还要加强黄石、鄂州、黄冈组团，以及天门、仙桃、潜江组团，作为次级区域开展合作。这两大组团因内部城市距离相近，也应形成联系紧密的生产生活圈，推动交通、产业、公共服务、生态保护一体化发展。每个城市尽量形成自身发展特点，同时组团应尽量避免内部过度竞争。

（二）做强做大优势产业

武汉城市圈内的城市的一些特色产业实力雄厚、领先全国，如新能源汽车、金融业、电子商务、动漫等文创产业、商贸餐饮、旅游业等在长江中游处于领先地位。圈内城市可以依据各自优势产业进行体制机制突破和创新，摆脱资源要素的瓶颈，形成经济增长的新引擎。

培育壮大服务业。以武汉为例，武汉工业基础雄厚，下一步要加快做强做大生产性和生活性服务业。根据国际经验，步入以信息化、知识化（创新型）为主要特征的后工业社会后，经济结构将从以制造业为主转向以服务业为主。而武汉消费结构升级和城市化加速推进使其近年产业结构出现积极变化，具备了服务业飞速发展的基础，关键还在于武汉必须对阻碍服务业发展的体制机制进行突破，完善有利于服务业发展的市场体制机制和配套体制建设。为此，必须坚持“非禁即入”，突破体制机制，放宽市场准入，在要素保障、集聚示范区发展、重点企业培育、重大项目建设、吸引人才等方面放宽准入、加大支持力度。进一步完善财税制度，形成有利于服务业发展的财税体制机制；进一步减轻服务业负担，促进服务业发展。

培育发展战略性新兴产业。按照“优、新、高、特”和建设现代产业体系要求，大力发展战略性新兴产业。尤其是依托三大战略平台，重点培育和发展海洋新兴产业、新能源、新材料等优势产业。要强化政府引导和扶持作用，

加强重点创新产品推广应用，推动金融机构建立促进战略性新兴产业发展合作联盟，设立若干战略性新兴产业投资基金。构建民营企业公平进入战略性新兴产业的市场环境，推进民营企业进入战略性新兴产业。并引导人才、技术、资金、土地等资源向战略性新兴产业领域集聚，集聚有限的土地等要素资源向战略性新兴产业倾斜，实施一批重大产业创新发展工程，建设一批国家级产业基地，形成若干个千亿产值规模的战略性新兴产业。

做大做强地方金融业。培育地方金融业，推进民间中小企业发展。从民间金融实践和大量中小企业对金融的需求来看，武汉城市圈要保持快速发展，就必须大力发展金融业，将地下的民间金融业转化为正规的金融服务业。为此，必须在金融体制机制方面进行创新和突破。争取中央政策，大胆创新，大力发展民营的、地方性中小金融机构，建立和发展直接为中小企业服务的中小合作银行或合作金融组织，解决中小企业的融资困境。鼓励民间资本组建民营银行，鼓励民间资本参股中小型国有银行，形成一个完整的银行体系。如拓展小额贷款公司的业务；阳光化、规范化标会、摇会等民间金融组织；规范金融租赁和典当行业，使其发挥救急作用等。同时，依托民间资本丰富，把武汉率先打造成为全国创业风险投资机构（基金）最活跃、本土创业风险投资机构（基金）数量最多、全国私募股权投资基金和产业投资基金最活跃的地区。在积极推进“中小企业金融中心”和“民间投资管理中心”建设的基础上，学习新加坡和香港成为国际金融中心的经验，积极打造中国民间金融中心，推进经济快速成长。

做大做强特色优势产业。大力支持武汉原有的优势产业如汽车制造、装备制造、电子商务、动漫等文创产业、文化旅游业等发展，实行最宽松的准入、金融服务、财税减免支持政策。把武汉打造成长江中游城市群的动漫之都，依托“互联网+”打造电子商务之都和中小快递与物流集散地等，引领武汉城市圈经济快速发展。

六、大视野策划一批重大项目和加快项目落地

学习京津冀区域一体化、上海自贸区和粤港澳大湾区的规划，讲求高起点、大平台、大项目、大企业和高端产业。规划和布局要具有全局观，注重政府引导、市场主导、企业参与。努力集聚有限的资源要素推动产业布局优化，支持高端产业、低耗能产业、战略性新兴产业、高技术产业以及新兴服务业发展；在空间布局和交通布局上要进行顶层设计，尤其是对于武汉光谷、保税物流区（武汉自贸区），作为国家战略的集中地和承载体，水陆空区位布局和交

通布局应有通盘设计，重点解决水陆空联运问题，特别是要加快建成武汉、襄阳、宜昌、鄂州等节点城市间铁、水、空、陆综合交通网络系统。

七、加快武汉城市圈体制机制创新

创新和突破行政管理体制机制。武汉城市圈融入长江中游城市圈建设必然涉及跨区域发展问题，所以在推进战略发展时，应结合武汉城市圈产业集聚区建设，突破行政管理体制局限，创新行政管理和服务体制。如对于工商、税务、质检、环保及财政等管理部门，可以实行跨行政区域的设置，突破省管县或市管县的体制局限，实行圈内城市间规划对接工作机制，更好地服务于战略推进，比如在武汉城市圈联席会议领导下，协调制订武汉城市圈十四五经济社会发展总体规划，并落实到圈内各城市“十四五”规划中。除了提高行政效率外，还可申请国家和湖北省对武汉、襄阳和宜昌进一步扩权，使其更好地发挥带动和辐射的作用。

创新和突破经济管理机制体制。依托国家战略，对金融、税收、财政进行放权或突破，加快形成公平竞争的市场准入机制，进一步打破行业垄断和各种隐性壁垒。积极构建有利于经济发展方式加快转变的财税体制，为吸引高层次人才落户发展，可以学习上海等地经验，实施购房从财政上返还或抵扣个税的做法。

创新和突破人才管理体制机制。武汉、宜昌、襄阳的高房价对留住人才、引进人才产生了阻隔和挤出效应，已成为武汉城市圈经济发展的一大挑战，发展战略性新兴产业必须在人才体制机制上进行创新和突破。要以创新驱动和人才驱动为目标，进一步加大人才发展专项资金投入，提高人力资源投资比重；要制定支持科技人才创新平台建设的政策措施，加强院士专家工作站和海外高层次人才创新园等高层次人才创业创新平台建设；要创新“人才创业+民营资本”模式等。只有创新和突破人才体制机制，形成良好的人才引进和用人体制与环境，才能打造人才高地，推进经济快速发展。①

① 吴怀志．武汉城市圈与长江中游城市群融合发展研究［J］．城市观察，2016（3）：40-52.

第七章　环长株潭城市群与融入长江中游城市群

环长株潭城市群是湖南省的经济核心，包括长沙、株洲、湘潭、岳阳、常德、益阳、衡阳、娄底等城市，是实施中部崛起战略的重要载体，更是长江中游城市群的重要组成部分。2018 年该地区以占全省 49. 93%的面积，聚集了全省约 2/3 的城镇人口，创造了约 80%的地区生产总值，对带动全省经济发展起到了重大支撑作用。

第一节　环长株潭城市群发展历程及现状

一、环长株潭城市圈概况

环长株潭城市群为长江中游城市群的重要组成部分，位于我国中南部，湖南省东部，地处湘江、资江、沅江下游两侧，总面积 9. 96 万平方公里，人口 4000 多万，GDP 占全省的 79. 47%。城市群以长沙、株洲、湘潭为中心，外围分别发展岳阳、衡阳、益阳、常德、娄底 5 个次级城市圈（带）。其中，长株潭都市区的区域范围除长沙、株洲、湘潭主城区外，望城区、长沙县、浏阳市、宁乡市及益阳市赫山区均被纳入其中。

在湖南省第九次党代会上，湖南省委借鉴国内外城市群建设的经验，根据湖南的发展实际，提出加快“3+5”城市群建设，即加快以长株潭 3 个城市为中心，以一个半小时通勤为半径，包括岳阳、常德、益阳、娄底、衡阳 5 个城市在内的“3+5”城市群建设，同时重视大湘西开发和湘南开放。以“3+5”城市群为主体形态，带动湖南省区域经济的协调发展，加快形成以特大城市为依托、大中小城市和小城镇协调发展的新型城市体系。2011 年出台的“十二五”规划纲要（草案）出现了一个新名词——“环长株潭城市群”，而之前叫长株潭 3+5 城市群。2018 年环长株潭城市群经济发展情况见表 7-1。环长珠潭城市群范围见图 7-1。

表 7-1　　　　**2018 年环长株潭城市群经济发展情况**

	环长株潭城市群	湖南省	比重
常住人口（万人）	4225.36	6899	61.25%
地区生产总值（亿元）	28946.34	36425.78	79.47%
货物进出口总额（万美元）	3713499	4652983	79.81%
社会消费品零售总额（亿元）	11690.96	15638.3	74.76%
地方财政一般预算收入（亿元）	1816.37	2860.84	63.49%

图 7-1　环长株潭城市群范围

二、环长株潭城市群经济社会发展存在的主要问题

城市规划缺乏延续性，发展方向不明确。以长沙为例，早年的长株潭城市群建设已初见成效，三地初现融城趋势。但随着 2014 年国家级湖南湘江新区的设立，市政府又将各种资源大量投入湘江以西进行开发建设。向南还是向西，至今仍然没有明确规划。其他城市虽然也出台了城市总体规划，但存在一定贪大求快、与城市群总体发展方向不一致的问题。

城市间存在一定的行政壁垒，影响联动协同发展。从国内外主要城市群的发展经验看，各城市间密切的产业分工协作关系是城市群发展的重要特征，政府的规划协调是城市群发展的重要保障。从当前来看，环长株潭城市群协同发展尚没有明确的规划，各个城市及各部门之间的行政壁垒也一定程度存在。这就导致了城市群之间产生恶性竞争，降低了区域经济竞争力。

城镇化水平仍然较低，农村人口进城意愿不强。虽然近年来环长株潭城市群建设和发展有了较大进步，但城镇化率还只有65%左右，常德、益阳、娄底的城镇化率不到60%，低于全国平均水平。世界大型内陆城市群如美国芝加哥城市群，国内发展较早的珠三角城市群的城镇化水平都在80%以上，这说明环长株潭吸纳农村人口向城镇转移的公共医疗、社会保障、基础教育等制度和服务发展还不够完善，制约了城市化进程。

建设项目缺乏深入研究论证，资源利用效率低。在《长江中游城市群发展规划》获国家批复后，省、市各级地方政府调动、投入了大量的人力、财力来支持环长株潭城市群的建设，特别是在铁路公路等交通基础设施的建设上。由于缺乏长远规划和研究论证，存在一定程度上的重复建设和资源浪费。如长株潭城际铁路开通后，由于票价不合理、高铁和公路竞争等，上座率一直不高。而长沙到益阳、常德方向却没有高铁，公路运输能力有限，交通条件亟待改善。

第二节　融入长江中游城市群的主要路径

一、构筑环长株潭城市群融入发展轴线

沿江发展轴。该轴为环长株潭城市群融入长江中游城市群的核心发展轴。岳阳作为湖南省唯一通江达海的城市，拥有163公里长江黄金水道，城陵矶是湖南唯一通江达海的口岸和长江八大良港之一，省内可凭洞庭湖四水，沟通74个县市，将全省80%的地域与长江大动脉连成一体，省外上可通川渝，下可达长江及沿海各重要港口。该发展轴应坚持面向长江、依托长江，参与长江经济带开发开放的基本原则，以岳阳为核心，以长江水系贯通城市常德、益阳为重要支点，构建内通外联的综合运输体系，推动洞庭湖经济区融入长江中游城市群。

长娄发展轴。随着沪昆高铁开通所带来的流通便利，沪昆通道沿线城市间生产要素将加速流动，资金、技术、人才、信息等生产要素将进一步优化。因此，加强沪昆沿线长株潭和娄底之间的联系，提升长株潭和娄底的节点辐射能力对拉动湖南中西部地区经济发展，推动湖南经济整体提升具有重大意义。要

以沪昆通道为依托，加强长株潭—娄底轴线上的城镇建设与产业互动，努力构建 1 小时经济圈，构建湖南省横贯东西的综合性通道，使其成为向东连接环鄱阳湖城市群，向西南连接黔中城市群、滇中城市群的重要通道。

长常发展轴。该轴为环长株潭城市群向西融入长江经济带的重要发展轴，也是对接环鄱阳湖城市群的重要通道。要重点抓好长株潭港口群和常德、益阳等港口的建设，加强湘、资、沅、澧四水等内河航运基础设施建设。以长株潭、常德、益阳都市区为重要节点，发挥先进制造业、商贸物流业和交通枢纽等综合优势，打造长株潭先进制造业基地、综合交通枢纽和现代服务业中心，促进沿线产业结构优化升级，辐射带动常德和益阳产业发展壮大。推动常德利用地区性交通枢纽中心的地位，建设泛湘西北地区中心城市，促进益阳建设长沙后花园。

长岳（衡）发展轴。该轴为环长株潭城市群的核心发展轴，重要节点包括长沙、株洲、湘潭、岳阳和衡阳五大城市。长岳（衡）发展轴沿线地区自然生态和资源条件均较好，主要承担着先进制造业中心、科技文化中心、商贸物流中心、高新技术中心、生产性服务业中心和综合交通枢纽等职能。在发展方向上，应突出长株潭的核心增长极地位和岳阳、衡阳的次级增长极地位，加快轴线地区与粤港澳的全方位对接融合，纵深推进长株潭及岳阳、衡阳的一体化进程，形成连接武汉都市圈和珠三角城市群的重要通道。

常娄发展轴。以洛湛铁路、二广高速、207 国道为重要轴线，加强沿线交通基础设施建设，构筑对外大联通、对内便捷、高效的综合交通网络。增强常德、益阳、娄底节点的枢纽地位，发挥中心城市支撑城镇化格局的重要支点作用，以完善服务功能、改善人居环境为重点，大力培育经济新增长极，支持常德建设成为省域副中心城市，进一步增强娄底、益阳的经济实力和辐射带动能力，使该轴线成为纵贯湖南省中部的主要经济走廊，以及向北对接宜荆荆城市群，向南连接北部湾经济区的重要通道。

二、推进环长株潭城市群毗邻城市组团

立足长江中游城市群“小三角”建设，构建岳阳—咸宁—九江城市组团。岳阳、咸宁、九江为作为湘鄂赣三省的门户，位于长江中游城市群的中心，且呈三角结构空间分布，在长江中游城市群中通称小三角。三市地域相连，交通便捷，相互间的经济、社会联系密切，在现代农业、制造产业、文化旅游、临港产业和高新技术等领域已经具备了良好的发展和合作基础。岳阳作为环长株潭城市群的中心城市之一，与武汉城市圈的咸宁和环鄱阳湖城市群的九江实行

组团发展，对推进长江中游城市群协同发展具有重大战略意义。应充分发挥长江“黄金水道”的综合优势，加强三市开放合作，全面深化基础设施、产业布局、商贸市场、文化旅游和生态环保一体化发展，着力打造临港产业、精细化工、文化旅游、先进制造、绿色食品、新能源新材料等一批优势产业。要将岳阳—咸宁—九江城市组团作为长江中游城市集群发展战略中的“先锋队”“桥头堡”和“排头兵”。

立足洞庭湖经济区与宜荆荆城市群对接，构建岳阳—常德—益阳—荆州城市组团。这个城市组团也称为洞庭湖城市群，应着力构建组团内部和谐的人水新关系、现代产业新格局、统筹城乡新福地、合作发展新平台。拉大城市框架，增强城市服务功能，在积极对接长株潭城市群、武汉城市圈等的同时，培育荆州、岳阳、常德、益阳、津澧新城五大中心城市，推进洞庭湖经济区与宜荆荆城市群融合发展。借助黄金水道，发挥岳阳、荆州、宜昌三大港口支柱作用，发展外向型经济，构建“五核五轴”城镇发展格局，加快提升组团整体实力和基本公共服务均等化水平，建设具有湖乡特色的生态城镇体系。加快建立城市组团协调机制，在产业发展、交通基础设施建设、水系改造、水利工程建设、生态保护、旅游资源开发、民生保障等方面统一筹划、共同推进，促进岳阳—常德—益阳—荆州城市组团融入长江中游城市群。

立足环长株潭城市群与环鄱阳湖城市群融合，构建长株潭—新宜萍城市组团。以湘赣两省边界区域开放合作为基础，统筹规划跨省市铁路和高速公路、省际连接线等重大基础设施建设，打通湘赣合作大通道，构建长株潭—新宜萍城市组团，推动环长株潭城市群与环鄱阳湖城市群对接。充分发挥长株潭现代立体交通优势，以高铁新城、空港城、霞凝港为支撑，以先进制造、现代物流、加工贸易、文化创意、服务外包等产业为重点，大力发展临铁、临空、临港经济，推动黄花综合保税区、金霞保税物流中心等开放平台建设。充分利用新宜萍与长株潭深厚悠久的经贸合作基础，重点加强新一代信息技术、先进装备制造、新能源、新材料、陶瓷、花炮、粉末冶金、文化旅游等产业的协作，将长株潭—新宜萍城市组团打造成赣湘两省和长江中游城市群的开放合作试验区。

三、完善环长株潭城市群融入发展机制

建立城市群要素配置机制。充分发挥长株潭国家自主创新示范区和产业集群优势促进要素配置，构建以“政府—企业—教育科研—中介服务”为主，

政策导向为辅的高效区域配置体系，通过优化产业集群的内部结构，促进要素的高效配置，借助环长株潭主要城市的产业集群，通过“产业集群—知识溢出—知识共享与整合—产业创新”模式推动创新要素整合，促进区域创新体系构建。同时，由市场主体根据市场价格信号，为适应要素供求关系的变化，在竞争中将资源配置到供给不足、需求旺盛的部门，使要素流向最需要的部门或行业。

建立城市群红利共享机制。一是合理布局城市群主要城市职能，协调城市群开发建设空间，以长株潭复合城市为核心，以岳阳、常德、衡阳、娄底为副中心，形成“一核四轴四组团”的空间格局，提升环长株潭城市群在长江中游城市群的战略支点作用，使其积极主动融入长江中游城市群，打造国家区域发展战略增长极。二是加快城市群基础设施共享建设，构建高效区域交通体系，着重加快综合交通运输枢纽建设步伐，构建城市群高速公路网，加快推进环长株潭城市群城际交通互通。三是促进城市群融合发展，着力推进环长株潭城市群区域布局一体化、基础设施一体化、产业发展一体化、城乡建设一体化、市场体系一体化、生态环保一体化、社会治理一体化。

建立城市群协同共治机制。按照精简、统一、高效、创新、科学、权威的原则建立环长株潭城市群管理协调机构，完善八市政府间合作的规则体系，通过机构引导、推动，加快城市群内部各级政府、部门的职能转变，健全省市之间、市与市之间的多层次协调机制，建立城市群高效协调的机制和符合试验区需要的创新管理协调模式。进一步完善八市协调行政利益冲突的机制，从统筹区域规划、产业布局、财政投入、资源配置、项目联动等角度入手，共建共享，构建与“两型”社会相适应、高效协调的管理体制机制，实现府际行政高效协同推进。

四、推进环长株潭城市群协同发展

扎实推进长沙湘江新区建设。湘江新区作为环长株潭城市群和长江中游城市群战略引擎，位于湘江西岸，包括岳麓区、望城区和宁乡市部分区域，面积490平方公里。该地区区位条件优越，区域内拥有京港澳高速及复线、长常高速、长娄高速、岳临高速、长潭西高速等高速公路，京广高铁、石长铁路、湘江航道等在此交汇；科研创新实力雄厚，建设有国家级超级计算长沙中心等国际创新平台，碳-碳复合材料、干细胞等研究具有世界领先水平，是中部地区重要的创新研发中心；该区域范围内拥有长沙国家级高新技术开发区等产业园区，主导产业为电子信息、装备制造、新材料、食品医药、文化创意等产业，是中部地区重要的产业基地。应重点突出新型工业化和新型城镇化融合发展的主题，坚持高标准规划、高起点建设，注重科技创新和自主创新，推动产业转型升级和集聚发展，促进产城融合和城乡协调，提升对内对外开放水平，不断提高经济综合实力和竞争力，努力把湘江新区建设成为高端制造研发转化基地和创新创意产业集聚区、产城融合城乡一体的新型城镇化示范区、全国“两型”社会建设引领区、长江经济带内陆开放高地。

发挥长株潭核心辐射带动作用。长株潭是环长株潭城市群的核心，是长江中游城市群的中心城市，应加快构筑三市有机衔接的综合立体交通网络，建造高效便利的共享信息平台、构建安全强大的能源供应体系、安全有效的水利保障体系以及功能完备的城市基础设施体系，发挥其带动区域发展的引导作用，打造现代国际化创新型大都市。理顺长沙作为核心城市和湘潭、株洲作为副核城市的职能分配关系，长沙重点打造工程机械、食品加工、新材料、电子信息、生物医药等产业集群；株洲重点发展轨道交通装备、汽车及零部件、新材料、服饰、陶瓷五大产业，打造中国动力谷；湘潭重点发展先进装备制造、新能源装备、电子信息三大战略性新兴产业和精品钢材及深加工、汽车及零部件等传统优势产业，打造中国智造谷。推进长株潭复合化进程，强化长江中游地区重要的中心城市职能，推动环长株潭城市群跨越发展，使其成为长江中游城市群的重要支撑。

加快洞庭湖生态经济区建设。洞庭湖生态经济区位于长江黄金水道与京广交通动脉交汇处，地处环长株潭城市群、武汉城市圈腹地，是环长株潭城市群的重要组成部分，具有承东启西、连南接北的独特区位优势。应围绕水生态文明建设，倾力打造生态经济型城市圈。充分发挥湖区综合水运优势，加大铁路、公路、码头、机场建设力度，大力发展多式联运，形成以湖区中心城市为枢纽，以环湖公路为纽带的交通运输网络。以交通网络为纽带，优化城镇发展布局，高起点规划建设具有湖乡特色的生态城镇和美丽村庄，推动城市基础设施向农村延伸、公共服务向农村覆盖。统筹区域经济社会发展和生态环境保护，改善城乡人居环境，坚持“两型”引领，推动产业园区化、园区专业化，构建优势特色新型产业体系。尊重自然规律，积极应对江湖关系新变化，着力改善江湖关系，全面提升防洪减灾能力，建立可持续的和谐人水关系，建设更加秀美富饶的大湖经济区。

培育发展衡阳、娄底城镇群。衡阳城镇群位于环长株潭城市群的南部，战略地位十分重要，是对接珠三角城市群的桥头堡。应强化衡阳市区和衡南的联系，形成与衡南县一体化的城市圈中心区，促进衡阳市区与西渡、南岳、云集、大浦等一体化发展，建设湖南重要的先进制造业和区域性现代服务业基地。娄底城镇带是环长株潭城市群向西辐射的重要节点，应加强娄星区和经济开发区（底星区）的建设，做大做强中心城区，大力发展优势产业，将其建设成为能源原材料基地、特色装备与先进制造业基地、文化与生态旅游休闲基地和区域性商贸物流中心。①

① 童中贤，刘晓，黄永忠．环长株潭城市群融入长江中游城市群发展研究［J］．企业经济，2015（9）：29-33.

第八章　环鄱阳湖城市群与融入长江中游城市群

环鄱阳湖城市群位于江西省的北部，是江西省经济发展的重要地区，范围涉及南昌、九江、景德镇、上饶、鹰潭、宜春、新余、萍乡等地市全部行政辖区，以及抚州3个区县和吉安2个县，区域面积9.23万平方公里，是长江中游城市群的重要组成部分。

第一节　环鄱阳湖城市群发展历程及现状

一、环鄱阳湖城市群扩容过程及其概况

江西最早提出的城市群是“昌九景城市圈（群）”，范围是南昌、九江和景德镇三个设区市及所辖县区。其中，南昌，又名豫章、洪城，为江西省省会，全省政治、经济、文化、科技、交通中心。南昌地处江西省中部偏北，赣江、抚河下游，濒临鄱阳湖。九江位于长江、京九铁路两大经济开发带交叉点，是长江中游区域中心港口城市，是中国首批5个沿江对外开放城市之一，鄱阳湖在九江境内进入长江。九江拥有鄱阳湖的水面约20万公顷，流域有都昌、湖口、星子、永修、德安、庐山区等六个县（区）。景德镇市位于江西省东北部，属于黄山、怀玉山余脉与鄱阳湖平原过渡地带。实际上，昌九景三市是围绕鄱阳湖分布的。

2009年12月，国务院批复《鄱阳湖生态经济区规划》，这是江西省首个国家区域战略。鄱阳湖生态经济区是以鄱阳湖为核心，以昌九景城市圈为依托，以保护生态、发展经济为重要战略构想的新型经济区。国家要求把鄱阳湖生态经济区建设成为世界性生态文明与经济社会发展协调统一、人与自然和谐相处的生态经济示范区和中国低碳经济发展先行区。根据规划，鄱阳湖生态经济区要构建保障有力的生态安全体系，形成先进高效的生态产业集群，建设世界级生态宜居、经济发达的新型城市群。因此，鄱阳湖生态经济区一定意义上

也是一个城市群。鄱阳湖生态经济区一共涉及 38 个县市。

此后，为了与其他地区的城市群对应，鄱阳湖生态经济区又被称为“环鄱阳湖城市群”（见图 8-1）。2015 年 3 月 26 日，国务院批复《长江中游城市群发展规划》。江西省率先响应，积极贯彻落实，组织编制了《环鄱阳湖生态城市群规划（2015—2030）》，并于 2016 年 8 月向社会公示。规划范围与《长江中游城市群发展规划》划定的江西省相应辖区范围完全一致，涉及南昌市、九江市、景德镇市、上饶市、鹰潭市、宜春市、新余市、萍乡市的全部行政辖区和抚州市辖区、东乡区、金溪县、崇仁县，吉安市的新干县、峡江县。①

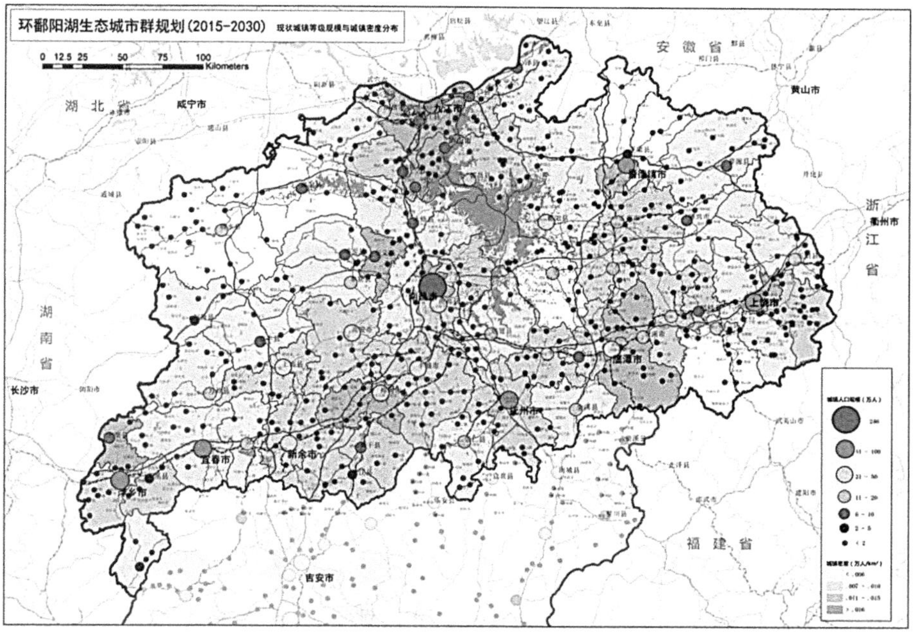

图 8-1　环鄱阳湖城市群范围及城镇规模现状图

扩容后的环鄱阳湖城市群总面积 9.23 万平方公里，约占全省的 55.3%；2016 年末人口约 3143.45 万人，约占全省的 68.45%；地区生产总值 14477.1 亿元，约占全省的 78.83%。2018 年末人口约 4044 万人，约占全省的

① 魏博通．环鄱阳湖城市群的扩容与发展［R］．秦尊文．皮书系列·中三角蓝皮书：长江中游城市群发展报告（2017）．北京：社会科学文献出版社，2017.

87.01%；地区生产总值19199.79亿元，约占全省的87.33%。2018年环鄱阳湖城市群GDP和人口见表8-1。

表8-1　　**2018年环鄱阳湖城市群GDP和人口**

地区	GDP（亿元）	人口（万人）
南昌	5274.67	532
九江	2700.19	523
景德镇	846.60	170
上饶	2217.48	789
鹰潭	818.98	129
宜春	2180.85	605
新余	1027.34	125
萍乡	1009.05	200
抚州	1382.40	432
吉安	1742.23	539

（二）环鄱阳湖城市群的发展概况

1. 已成为内陆地区对外开放的重要高地

环鄱阳湖城市群地理区位优越，东部临近长三角，南部毗邻珠三角和港澳地区，西部与环长株潭对接，北部与长江经济带、长江中游城市群的建设相呼应。近年来，环鄱阳湖城市群积极联动国家“一带一路”倡议，抢抓长江经济带的重大战略机遇，以全球化视野配置资源要素，着力实施全面对外开放战略，开放型经济取得巨大成就，成为我国内陆地区对外开放的重要高地。

以全面融入“一带一路”倡议为前提，环鄱阳湖城市群积极与长三角、珠三角、闽南三角洲和长江中游城市群的钢铁、水泥、建材、工程装备等行业优势骨干企业抱团合作，到市场空间广阔、资源优势突出的沿线国家和地区建立生产基地，输出过剩产能。近两年，江西省350家企业在沿线国家设立了434家境外企业，累计完成直接投资24.4亿美元。① 同时，为吸引外资企业投

① 打造内陆双向开放高地——我省外事侨务工作助力江西扩大对外开放纪实［N］. 江西日报，2016-11-18.

资，促进经济转型升级，江西省出台了《关于进一步扩大开放打造招商引资新优势的实施意见》，取得巨大成就。2016 年，江西实际利用外资居全国第 14 位，其中，引进境外投资 500 万美元以上项目 42 个，列全国第 12 位。

2. 成为长江经济带绿色产业发展重要的潜力区

在要素成本不断上升，资源环境对经济增长的约束日益增强的背景下，环鄱阳湖城市群立足自身的生态与环境优势，积极呼应长江经济带“生态优先、绿色发展”的战略选择，努力转变经济发展方式，坚持创新驱动战略，大力构建以新型工业化为核心、现代农业和现代服务业为重点的绿色产业体系，取得明显成效。

首先，通过着力实施绿色生态农业“十大行动”，2016 年创建了 11 个国家级、66 个省级现代农业示范区，“三品一标”产品达 3321 个，环鄱阳湖城市群的生态资源优势转变为现代农业的市场竞争优势的态势明显。其次，通过实施推进“生态+旅游”“生态+大健康”，2016 年江西旅游总人次和总收入分别增长 23.5%和 37.1%，宜春中医养生等一批重点基地初步建成。最后，2016 年江西省高新技术产业占工业增加值的比重达 30%左右，服务业增加值占 GDP 比重突破 40%，绿色发展取得初步成效。①

3. 绿色城镇化发展优势显著

江西森林覆盖率高达 63.1%，且河湖众多，因而环鄱阳湖城市群山清水秀，岸绿景美，山水文化厚重，生态资源丰富。“城在水中、水在绿中、绿在人中、人在画中”是环鄱阳湖城市群的特色，也是环鄱阳湖城市群发展绿色城镇化的优势所在。环鄱阳湖城市群在绿色城镇化的建设过程中，坚持以绿色发展观为主导，以天然塑造的自然格局为基础，将山、河、林、湖等生态资源要素植入城镇建设，构筑“山水林田湖城村”融合发展格局，取得了显著成效。早在 2014 年，江西就以城市绿化为切入点，以积极创建生态园林城市为契机，大力进行城市绿化建设和管理，城市建成区绿地率达到 42.09%，绿化覆盖率达到 46.12%，人均公园绿地面积达 14.15 平方米，城市园林绿化主要指标均处于全国领先水平。环鄱阳湖城市群所有的设区市全部进入国家园林城市行列，江西进入国家园林县城和国家园林城镇的德安县、分宜县、峡江县、奉新县、上高县和新余市双林镇均在环鄱阳湖城市群范围内。②

---

① 江西：绿色发展初步成效 积极探索绿色低碳循环发展路径［N］. 中国江西网，2017-01-18.

② 江西所有设区市都是国家园林城市［N］. 中国江西网——江西日报，2015-03-12.

4. 山水文化旅游已经具备较大的国内影响力

环鄱阳湖城市群有巍峨挺拔的青峰秀峦，碧波荡漾的湖泊，蜿蜒流淌、绵延不息的河流，气势磅礴的云海，奇妙独特的飞瀑，浩瀚如海的原始森林，历史悠久、深厚渊博的宗教文化和书院文化。这些丰富的生态与人文资源为环鄱阳湖城市群发展山水文化旅游奠定了良好的基础。为了发挥旅游业引领经济发展的引擎作用，环鄱阳湖城市群积极创建国家级旅游景区，努力提升旅游业的服务质量和水平。目前，江西创建了 10 个国家级 5A 级景区，102 个国家级 4A 级景区，18 个全域旅游示范区，其中，属于环鄱阳湖城市群的有 8 个国家级 5A 级景区，78 个国家级 4A 级景区，10 个全域旅游示范区。江西省有 6 个重点生态旅游目的地被纳入长江上中游生态旅游片区，其中属于环鄱阳湖城市群的有 5 个。为了进一步提升旅游业发展的水平，环鄱阳湖城市群各地区政府以供给侧结构性改革为契机，以具有优势的山水文化资源为依托，大力发展休闲度假旅游、观光旅游、城市旅游，深入发展文化旅游，积极培育与山水文化相关的旅游新业态，形成有效对接旅游消费市场的产业结构和产品结构，山水文化旅游发展取得明显成效。2016 年江西省旅游接待 4. 7 亿人次，比 2013 年的 2. 48 亿人次翻了近一番；旅游总收入 4993 亿元，比 2013 年的 1896 亿元翻了一番多①。这些数据说明环鄱阳湖城市群在山水文化旅游方面已经具备较大的国内影响力。

第二节　融入长江中游城市群的主要路径

一、优化空间布局，健全城镇体系

重点是做大一个中心，突出两条轴线，打造三大城市圈，强化 50 个小城镇。

一是做大做强南昌这一核心城市，使其迅速成为环鄱阳湖城市群的核心和中部地区重要的工业中心、商贸中心、金融中心、物流中心和旅游中心。

二是突出两条轴线。一条轴线是沿京九线的昌九工业走廊，该城市带南起南昌向塘，北至九江，长 160 公里，途经新建、湾里、永修、共青、德安、九

① “十三五”期间江西省县县都有 4A 级以上旅游景区［N］. 中国江西网——信息日报，2017-08-02.

江、庐山7县区，廊带面积466平方公里，以南昌、九江两个中心为支点，以铁路、高速公路、航空、水运为纽带，沿线有英雄、昌北、桑海、共青、宝塔、八里湖等16家工业园区，形成了以飞机制造、汽车和船舶制造、医药、食品、重化工、电子信息、纺织服装等为主的完善的工业体系。另一条轴线是沿浙赣线形成的城市带，该城市带包括玉山、广丰、上饶、横峰、弋阳、贵溪、鹰潭、余江、进贤、向塘、丰城、樟树等县市（镇），长300多公里，沿线有15个工业园区，已经形成有色冶金、轻工、医药、建材、食品等产业体系，如能加快整合，形成一体化优势，定能与京九城市带构成两翼齐飞的态势。

三是打造赣北、赣东北、赣中三大城市圈。赣北城市圈地域范围大致覆盖南昌市及所辖县，九江市及所辖县，可以发挥南昌作为省会城市，九江作为港口城市的优势，以京九铁路、昌九高速公路为发展轴线，重点发展汽车、钢铁、纺织、机械、食品等传统优势产业，生物制药、航空、电子、信息工程等高新技术产业，港口航运业、物流业和旅游、商贸、金融等第三产业，逐渐形成全省经济增长的核心区域，带动全省经济的发展。赣东北城市圈，其地域范围主要包括景德镇市、上饶市和鹰潭市三市市区及所辖市县。该经济圈邻接长江三角洲和闽东南三角区，是沿海发达地区向中西部推进的前沿阵地，区位条件很好，但城市圈的聚集力较弱，关键就在于缺乏主导型中心城市，城镇体系层次分散，难以形成合力。在目前景德镇走向衰退，上饶、鹰潭短期内难以培育成中心城市的情况下，最有效的方式是以景、上、鹰三城市各为中心，组织协调生产力布局，形成景—乐—波、上—德—广、鹰—贵—弋三个多核城镇组群，组群之间优势互补、相互涵盖，形成整合优势和综合竞争力，共同构筑综合型区域中心。产业发展重点是汽车、陶瓷、有色金属冶炼、机械、电子、旅游、商贸等。赣中城市圈内有3座中小城市，规模相近，经济实力相当，互补性强，但都不具备成为区域中心城市的条件，可构建复合中心，重点发展食品、医药、机械、电子、旅游等重点产业。

四是集中力量择优培育50个小城镇。环鄱阳湖城市群范围内现有乡镇700余个，其中建制镇350个，加上农村集镇，小城镇数量有500个左右。从数量上看已经不少，关键是要提高质量。必须根据城市群发展的大局和财力情况，集中力量择优培育50个小城镇，强化其政治经济文化功能，使其逐步成为基础设施齐全，人居环境良好的小城镇。

二、建立协作机制，提高一体化水平

2016年8月8日，江西省完成了《环鄱阳湖生态城市群规划（2015—2030）》和《南昌大都市区规划（2015—2030）》两项规划编制，这从整体上对环鄱阳湖城市群的规划发展有着一定的指导性。但是行政区划影响仍然较大，地市间协作机制还没有完全建立。

一是尽快建立环鄱阳湖城市群一体化协调小组。环长株潭城市群、武汉城市圈在发展的初期，均构建了类似一体化协调小组，指导城市群一体化工作。江西省应尽快建立一体化协调小组，从整体上规划布局，构建协调发展机制，以应对一体化过程中可能出现的问题。二是创新管理服务体制。目前，环鄱阳湖城市群仅仅实现了昌九、昌抚部分一体化，在通信、旅游、公积金提取方面有所突破，但速度还是较慢。要积极推进南昌大都市区一体化进程，并突破地市间的行政区域，加速南昌周边地区的一体化，形成核心区；同时，宜萍新、上景鹰次级城市群也应逐步推进一体化进程，提高城市群的融合度，最终形成合力。三是应充分发挥新技术如互联网的作用，减少信息成本。“互联网+”引发了社会各个方面的巨变，应加快实现交通、民生、医疗、税收等领域的互通，减少各地市间行政区域划分，可搭建大数据平台发展中心，形成政府部门间的数据互通，有条件地向社会公开相关数据，以激发社会的活力，提升经济质量，减少地市间交易成本。

三、合理布局产业，增进城市群经济联系

在环鄱阳湖城市群内合理规划布局产业，一方面根据环鄱阳湖城市群规划进行合理的产业布局分工，妥善安排好协调处理机制、利益共享机制等，形成产业与城市群的融合，以绿色、开放和共享的理念来发展；另一方面，结合环鄱阳湖城市群自身的资源及产业优势，进行产业片区的再划分，避免产业集群的重复竞争而导致的低效、资源浪费，明确核心城市群和次级城市群的产业功能。

打通环鄱阳湖城市群与武汉城市圈、环长株潭城市群之间的“桥梁”。一方面，从与武汉城市圈的联系来看，要增加建设九江地区与咸宁、武汉的高速公路，加快建设昌九至吉安、赣州段的高铁，让京九线带动线上城市发展，并延伸至珠三角段，使得环鄱阳湖城市群有纵深向的发展；从与环长株潭城市群的联系来看，应充分利用厦长渝高铁的建设，积极开拓江西由西向东的交通建

设，形成宜萍新城镇群与长株潭城市群的互动，引导吉安、赣州对接环长株潭城市群，最终使得环鄱阳湖城市群的地理位置作用充分发挥，城市群联系更加紧密；另一方面，积极开展与武汉城市圈、环长株潭城市群的互动，召开三地协调发展会议，并在交通、旅游、公共设施等方面实现互通，以提升整个长江中游城市群的经济、社会和政治联系。①

① 邓强，喻贵华．环鄱阳湖城市群融入长江中游城市群的思考［J］．当代经济，2017（11）：85-87.

第九章　打造全国两型社会建设引领区

长江中游城市群是以湖北武汉城市圈、湖南环长株潭城市群、江西环鄱阳湖城市群为主体融合而成的特大城市群。2015 年 3 月 26 日国务院批准的《长江中游城市群发展规划》，明确要求长江中游城市群要建成“两型”社会建设引领区：“加快资源节约型与环境友好型社会建设，推动形成绿色低碳的生产生活方式和城市建设管理模式，建立跨区域生态建设和环境保护的联动机制，扩大绿色生态空间，打造具有重要影响力的生态型城市群，为全国‘两型’社会和生态文明建设积累新经验，提供典型示范。”

第一节　大力推进两型社会建设

5 年多来，长江中游城市群按照《长江中游城市群发展规划》要求，坚持先行先试，加强体制机制创新，大力推进两型社会建设，各项工作取得了积极进展和良好成效。

一、建立健全制度规划

湖北省政府先后印发了武汉城市圈空间规划、产业发展规划、综合交通规划、社会事业规划和生态环境规划等 5 个专项规划，以及多项城市圈一体化发展规划，城市圈两型社会建设领导小组成员单位出台了投资、财税、金融、人才、土地、环保等支持政策。按照总体规划、滚动实施的办法，省政府编制印发了《武汉城市圈三年行动计划（2016—2018）》，每年印发年度工作要点，确保有序推进重大改革试验工作。

环长株潭城市群重点围绕国家发改委六项深化改革任务，建立和完善相关制度。一是探索建立两型社会和生态文明建设的标准体系；二是开展生态环境损害赔偿制度改革；三是率先建立生产者责任延伸制度；四是率先建立环境污染责任保险制度；五是健全市场化环境治理和生态保护机制，在城镇污水垃圾处理、工业园区和重点企业污染治理等领域全面推行环境污染第三方治理；六是完善流域综合治理绩效考核指标体系。

江西省2016年重点推进了12项制度建设，初步形成了“源头严防、过程严管、后果严惩”的生态文明制度框架。如建立生态保护红线制度，划定5.52万平方公里保护范围，占全省面积的33.1%。建立土地资源红线制度，全面划定3693万亩城市周边永久基本农田。启动水流、森林、山岭、荒地、滩涂等自然生态空间统一确权登记试点工作。健全空间管控制度，6个市县“多规合一”试点形成成果；推动26个国家重点生态功能区全面实行产业准入“负面清单”制度。完善“河长制”，建立5级河长组织体系和区域、流域、部门协作联动机制。

二、健全资源节约体制机制

湖北省启动了水资源管理“三条红线”2016—2020年年度控制指标分解工作，对各城市落实水资源红线管理工作进行考核、通报。完善节能减排长效机制。继续推行节能减排目标责任制，进一步完善节能降耗统计监测及考核指标体系，建立健全项目准入机制和能评制度。积极做好资源税改革工作。快速落实资源税品目设置工作，高效开展资源税征管工作，进一步降低了企业成本，也有效促进了资源节约。还对各市2016年度建筑节能与绿色建筑发展年度工作目标完成情况进行全面考核。其中，列入长江中游城市群范围的武汉市、黄石市、襄阳市、宜昌市、荆州市、荆门市、孝感市、黄冈市、咸宁市、仙桃市、天门市年度工作目标责任考核结果为“超额完成”；鄂州市、潜江市年度工作目标责任考核结果为“完成”。

2017年7月，江西省水利厅联合省机关事务管理局、省节水办组织专家对省农业厅、省科技厅、省核工业地质局、省地质矿产勘查开发局、省监狱局、省水文局、省水利规划设计研究院、省水土保持科学研究院、省赣抚平原水利工程管理局、省袁惠渠工程管理局、省潦河工程管理局、赣中南地质矿产勘查研究院、省地矿局水文地质工程地质大队和省地质环境监测总站14家省级公共机构节水型单位建设工作进行了验收，为全省提供了节水示范。

湖南省实施差异化产业和考核政策、推广清洁低碳技术、建立市场化环保机制、建立环境污染终身追责制度；建立两型产业准入、退出、提升机制，“两高一资”（高耗能、高污染和资源性）行业被严格限制在“门槛”之外；在全国率先开展政府“两型采购”，推出两型机关、两型学校、两型医院、两型社区、两型家庭、两型旅游景区等60多项标准指南，资源节约、环境友好的理念逐步落实到社会各个方面。

三、实施生态修复工程

江西省2016年完成208万亩造林面积，560万亩森林抚育，改造150万亩低产低效林。综合治理1100平方公里以上水土流失面积。湿地保护良好，湿地占国土面积比重达到5.5%。完成19.63万亩土地整治。推动样板创建，2016年新创建国家级生态县2个，新增国家重点生态功能区17个，新确定省级生态文明示范县16个、省级生态文明示范基地60个；推动昌铜高速生态经济带发展，支持抚州市打造全省生态文明先行示范区，争取赣州列为国家山水林田湖生态保护修复四个试点地区之一，并获20亿元中央财政奖补资金。

湖南省狠抓生态项目建设。2016年3月4日，省政府发布2016年全省“4+2”重大项目575个重点项目，其中生态文明建设项目主要包括湘江保护与治理、农业面源污染治理、城镇污水处理、洞庭湖水环境综合治理、空气污染防治等共239个，占总项目的42%左右，总投资为“4+2”中投资额占比最大的一块，总计4319亿元。如3月启动洞庭湖水环境综合治理五大专项行动，每年提供4亿元支持湖区疏浚清淤。4月省政府办公厅印发《湖南省湘江保护和治理第二个“三年行动计划”（2016—2018年）实施方案》，进一步强化源头控制，水陆统筹，污染治理与生态保护两手并重，加大湘江保护与治理力度。

武汉市2013年拟定的54座山体生态修复计划，到2016年已超额完成。围绕修复后的山体而规划打造的山体公园和景区，成为市民休闲娱乐、户外活动的新去处。将弃土消纳与山体修复相结合，是武汉市“修山”计划中最重要的办法之一，既解决了城市建筑弃土无处安放的窘境，又解决了环境治理的成本消耗。武汉最早采用此办法的黄龙山，在山体修复中就消化了周边建筑弃土约3000万立方米，在修复山体的同时，节约成本超过2000万元。如今东湖高新区的顶冠峰、江夏的长山和秀山、汉阳的汤家山等，均采用黄龙山这种模式。2016年黄冈市通过对23处重要河流、湖泊、水库等实施生态修复工程，划定重点生态功能区、生态环境敏感区和脆弱区等区域生态红线，确保生态功能区标准不降低、面积不减少、性质不改变。对长江沿线化工企业逐步整治，大力发展生态替代性产业，优化生产力空间布局，腾出绿色发展空间，构筑长江生态安全屏障。

2016年12月1日，湖北、江西、湖南三省政府有关负责同志在北京签署《关于建立长江中游地区省际协商合作机制的协议》，表明长江中游地区省际协商合作机制正式建立。同时，三省签署了《长江中游湖泊湿地保护与生态修复联合宣言》。宣言提出要将长江中游建成长江经济带生态文明先行区，要求凝聚共识保护与修复长江中游湖泊生态，通过制订总体规划、建立制度体系、推动工程实施等，为长江经济带生态建设贡献“中游样本”。2016 年 12 月 26 日，三省在武汉成立湘鄂赣野生动物疫源疫病监测合作组织，协商将在野生动物保护和疫源疫病防控等方面联手，建立野生动物区域保护圈。三省还将在重要野生动物集中分布地、鸟类主要繁殖地、越冬地、停歇地和迁徙走廊带建立相关监测站点，及时发现野生动物疫情，开展相关防控、干预以及研究等工作。湖南、湖北野生动物救护中心、东洞庭湖自然保护区等合作组织成员在 2017 年 2 月 22 日至 23 日召开第一次会议，决定通力合作，在东洞庭湖自然保护区开展野外采样检测主动预警监测防控工作。

四、加强环境治理

江西省 2016 年完成重点行业大气污染限期治理项目 158 个，全省所有统调火电机组全部配套建设脱硫脱硝设施。基本完成钢铁、水泥行业脱硝设施建设。淘汰 8.18 万辆黄标车及老旧车。建成省级和南昌、九江的空气质量预报预警体系。农村日供水 1000 吨（含）以上的饮用水水源保护区划定工作完成。排查出城市 26 个黑臭水体。新建改建 1535 公里城镇和工业园区各类污水管网，全省城市污水处理率达到 88%。实施 2016“清河行动”，开展工矿企业及工业聚集区水污染、城镇生活污水等十大整治专项行动。推进 7 个重点防控区重金属污染监测、治理与修复工程建设。推广测土配方施肥，减少 9.7 万吨不合理化肥施用量。关停（搬迁）13879 家禁养区内畜禽养殖场，全面划分畜禽养殖禁养区、限养区和适养区。2016 年全省共立案处理环保案件 1765 起，批捕 296 名犯罪嫌疑人，对重大破坏生态环境刑事犯罪案件予以挂牌督办。

湖北省探索建立了重点区域流域污染联防联控联治机制。省政府出台《长江流域湖北省跨界断面水质考核办法》，武汉城市圈范围内跨界考核断面由 28 个增加到 31 个，实现长江干流、支流跨界和主要一级支流河口断面监测考核全覆盖，每月通报各地政府跨界考核断面水质情况并在《湖北日报》上公示。陆水流域四县（市）政府共同签署了《保护陆水流域协议》，滠水流域相关地区联合编制了《滠水流域水污染综合整治规划》。梁子湖流域四市签订了《保护梁子湖协议》，促使梁子湖成为国内保护最好的淡水湖之一，得到国家认可。制定了《武汉城市圈大气污染联防联控规划》，并被纳入国家重点区域大气污染防治规划。

湖南省 2016 年陆续出台了系列文件，推进环境治理。包括《湖南省实施低碳发展五年行动方案（2016—2020年）》《湖南省环境保护督察方案（试行）》《湖南省党政领导干部生态环境损害责任追究办法实施细则（试行）》《湖南省开展领导干部自然资源资产离任审计试点实施方案》等。12月，省政府办公厅印发《湖南省生态环境损害赔偿制度改革试点工作方案》，提出对造成生态环境损害的责任者，将严格实行赔偿制度。同时，修订完成《湖南省大气污染防治条例》《湖南省实施〈中华人民共和国固体废物污染环境防治法〉办法》等，逐步建立系列环境保护管理制度，包括完善生态损害赔偿、生态补偿、生态红线、排污权有偿使用和交易等。此外，2016年6月湖南省高院环境资源审判庭正式揭牌，专门化法庭"治污"模式正式开启。

五、不断优化产业结构

武汉城市圈激励两型产业发展。打破行政壁垒，建立城市圈统一的市场主体准入政策，建立两型社会建设财政转移支付机制和产业双向转移税收分成制度，支持城市圈内9市不断优化产业布局，鼓励企业双向转移，努力培育两型生产体系。坚决淘汰落后产能。以推进节能减排和淘汰落后产能为重点，在钢铁、有色、建材等行业开展两型企业试点和重点产品能效对标活动，采取"以奖代补"等综合措施促进落后产能淘汰，为发展两型产业腾出了空间和容量。2016年，通过推进供给侧结构性改革，武汉城市圈压减过剩钢铁产能318万吨，淘汰落后钢铁产能260万吨，关闭退出煤矿28处，化解过剩煤炭产能204万吨，为全省提前两年超额完成国家下达的任务做出了重要贡献。

环鄱阳湖城市群着力推动绿色循环低碳发展，形成节约能源资源和保护生态环境的产业结构、增长方式、消费模式。着力完善绿色产业体系，在战略性新兴产业、现代服务业、文化创意产业发展和传统产业绿色升级等方面做足文章；积极争取国家层面的高新技术产业优惠政策，围绕产业链部署创新链，围绕创新链配置资源链，重点在光伏新能源、生物医药、大飞机与直升机产业基地、铜产业精深加工与研发基地等方面寻求突破。2016年，高新技术产业占工业增加值的比重在30%左右，服务业增加值占GDP的比重在40%以上。新增19个国家级创新平台和载体。积极化解钢铁、煤炭过剩产能，退出433万吨粗钢产能、50万吨生铁产能；关闭退出229处煤矿，退出1400万吨煤炭产能。

2016年11月长株潭获批"中国制造2025"试点示范城市群，2017年4月衡阳市也被纳入其中。2017年6月，湖南省政府正式发布《长株潭衡"中国制造2025"试点示范城市群建设推进计划（2017—2019）》。目前，正在推进形成长株潭工程机械产业集群、衡阳输变电高端装备产业集群等 14 个标志性产业集群，建设长沙汽车及零部件产业基地、株洲轨道交通产业基地等 16 个标志性产业基地，壮大中车株机、三一重工等 54 个标志性领军企业，培育货运电力机车、混凝土机械等 52 个标志性品牌产品。

近年来，长江中游城市群狠抓供给侧结构性改革，钢铁、水泥等过剩产能得到压缩，高新技术产业和战略性新型产业发展迅速。经济增长新动能逐步显现，特别是消费的拉动作用明显增加。2018 年长江中游城市群第三产业实现增加值 39968. 49 亿元，比上年增长 12. 60%，高于同期工业增速 10 个多百分点。2018 年长江中游城市群地区生产总值见表 9-1。

表 9-1　　**2018 年长江中游城市群地区生产总值（亿元）**

城市	GDP	第一产业增加值	第二产业增加值	第三产业增加值
南昌市	5274. 67	190. 7	2660. 9	2423. 1
景德镇市	846. 6	56. 45	402. 32	387. 83
萍乡市	1009. 05	59. 36	469. 27	480. 42
九江市	2700. 19	189. 21	1362. 95	1148. 02
新余市	1027. 34	55. 47	509. 21	462. 66
鹰潭市	818. 98	56. 31	450. 77	311. 9
吉安市	1742. 23	207. 99	790. 05	744. 19
宜春市	2180. 85	269. 17	977. 51	934. 17
抚州市	1382. 4	199. 28	566	617. 12
上饶市	2217. 48	253. 1	1018. 79	940. 9
武汉市	14847. 29	362	6377. 8	8107. 5
黄石市	1587. 33	95. 64	929. 54	562. 15
宜昌市	4064. 18	386. 42	2132. 27	1545. 49
襄阳市	4309. 79	414. 8	2218. 2	1676. 8
鄂州市	1005. 3	94. 15	523. 7	387. 45
荆门市	1847. 89	226. 2	943. 89	677. 8
孝感市	1912. 9	287. 13	925. 58	700. 19
荆州市	2082. 18	404. 75	908. 47	768. 96

续表

城市	GDP	第一产业增加值	第二产业增加值	第三产业增加值
黄冈市	2035. 2	376. 1	832. 04	827. 06
咸宁市	1362. 42	186. 88	662. 83	512. 71
仙桃市	800. 13	86. 92	413. 25	299. 96
天门市	591. 15	80. 44	302. 85	207. 86
潜江市	755. 78	75. 29	398. 09	282. 4
长沙市	11003. 41	318. 7	4660. 2	6024. 5
株洲市	2631. 54	185. 5	1149. 2	1296. 8
湘潭市	2161. 36	125. 1	1042	994. 3
衡阳市	3046. 03	337. 01	1023. 59	1685. 43
岳阳市	3411. 01	319. 91	1424. 34	1666. 76
常德市	3394. 2	348	1285. 4	1760. 8
益阳市	1758. 38	245. 88	669. 53	842. 97
娄底市	1540. 41	151. 87	698. 26	690. 29
总计	85347. 67	6645. 73	38728. 8	39968. 49
全国占比	9. 48%	10. 27%	10. 58%	8. 51%

资料来源：2018 年各市统计公报，抚州和吉安采用的是全市数据。

六、积极开展两型创建

湖南省设立了两型社会建设专项资金，2017 年重点支持两型示范创建。一是支持创建两型单位。主要在有创建设想和一定基础的行政村、社区、学校及农民专业合作社开展创建活动。二是建设两型示范单位（基地）。对两型村庄、社区、学校、机关、企业、景区等领域中已经创建（含自主创建）达标的单位，支持其推广两型经验，打造具有较强的行业品牌和示范影响力的两型样板。三是建设两型宣教基地。重点在长株潭三市建设一批有阵地、有教材、有作品、有队伍、有活动、有效果的两型理念、政策及行为习惯的宣传教育基地，使其在两型宣教中起到种子和骨干作用。四是创建两型综合示范片区。重点支持在长沙、株洲、湘潭三市“绿心”地区的两型综合示范片区项目建设。

湖北省也积极开展两型企业、两型机关、两型社区、两型学校等两型单位创建。到目前为止，武汉市已累计创建两型社区100多个。2016年环鄱阳湖城市群共有40家企业，被江西省科技厅评为全省节能减排科技创新示范企业。

第二节　两型社会建设中存在的问题

虽然长江中游城市群建设取得了很大成绩，但在两型社会建设方面仍然存在一些亟待解决的问题。

一、区域生态环境保护压力依然很大

生态环境的保护与修复非短期之功，长江中游城市群仍然面临较大的环境压力。如一些河湖污染仍较严重，湖北的四湖流域自然灾害频繁，污染较为严重；江西的鄱阳湖水质保护压力加大，流域部分河段水质有所下降；湖南江河水系水质未全面达到优良水平，部分城区黑臭水体问题突出，污水处理基础设施建设缺口仍然较大，特别是洞庭湖水质富营养化趋势依然明显。

城市空气质量还不理想。传统煤烟型污染与臭氧、PM2.5、挥发性有机物等新老环境问题并存，生产与生活、城市与农村、工业与交通环境污染交织，主要污染物排放量仍处于高位，总量减排与环境质量改善的关系更趋复杂。城市大气污染形势依然较为严峻，部分城市“雾霾”现象依然严重，特别是环长株潭城市群污染天气仍占较大比例。

农村环境保护工作比较薄弱。如作为农业大区，长江中游城市群的土壤污染问题严重，农村环境有待进一步改善。湖南的湘江重金属污染危机仍未解除。湖南目前尚有23.3万多公顷坡耕地需要退耕还林，133.3万多公顷石漠化地需要治理。

二、环保基础设施建设有待进一步完善

环保基础设施是污染防治、改善环境质量不可或缺的基础，是城市建设和管理的重要组成部分。目前一些地方尤其是小城市环保基础设施建设比较薄弱。如污水管网建设还不完善，污水处理厂生产能力未能充分发挥；一些工业园区污水集中处理设施建设滞后。农村环保基础设施建设滞后，农村生活污水、生活垃圾尚未得到妥善处理，畜禽水产养殖污染问题仍然存在。

同时，缺乏高效及时的环境预警系统，应急检测能力不足，缺乏应急技术装备和专业人员，对突发性环境污染事故的快速响应能力不强。环保资金不足，环保设备配备不足，间接造成环保执法力度不够。以湖北省防止流域过度

采砂工作为例，全省 17 个市（州、林区）不少地方至今尚无执法艇，有的地方甚至执法经费得不到保障，只好以罚代管、以砂养人，执法容易陷入被动。

三、发展与保护矛盾依然存在

长江中游地区都处在加快经济发展的时期，面临经济发展与环境保护的双重压力。随着工业化、城镇化的加速推进，资源能源消耗与污染物排放总量仍在增加，很多地区面临土地资源紧缺等问题，环境容量压力较大。一些地方生态意识不强，仍然偏重经济发展，环境保护意识不强。如少数企业利益至上，缺乏环保意识，环保设施不到位，偷排现象时有发生。

四、跨区域环保合作力度不大

2012 年初三省政府推进长江中游城市群建设以来，三省的旅游、交通、商务、工业、农业、文化、科技、教育、医疗卫生、国防科工、知识产权等政府部门以及社科院、党报、电视台等都签订了协议或联合举办了论坛，取得了一定成效。但三省环保部门至今未签订协议或建立稳定联系机制。虽然有毗邻地区的协作，但属个案。有必要进一步探索建立长江中游城市群环境保护合作机制，通过协同创新、先行先试，共同破解两型社会建设和生态文明建设的瓶颈制约，更好地治理环境污染，尤其是跨区域的环境保护问题。

第三节　引领全国两型社会建设的主要路径

2013 年 7 月，习近平总书记在湖北视察时指出：两型社会建设意义重大，是发展内在要求；我们不能照搬发达国家现代化模式，因为地球没有足够资源支撑；必须走自己的道路，对人类有所贡献。长江中游城市群要牢记总书记重托，在全国两型社会建设中作出引领，为全球可持续发展做出中国示范。

一、完善两型制度建设

长江中游城市群各区域要严格实施主体功能区制度，严格按照重点开发区域、重点生态功能区、农产品主产区、禁止开发区域各自的功能定位开展工作，控制开发强度。各级党委要总揽全局、协调各方，将两型社会和生态文明的制度建设工作摆上重要位置，进一步加强对推进生态文明建设的领导。加强制度建设，要进一步完善体现生态文明要求的法律法规、考评机制、建立完善自然资源资产产权管理制度和生态补偿机制、建立健全资源市场化机制、健全环境保护管理制度，为全国生态文明建设探索经验、提供借鉴。三省环境保护方面的法律法规已经较为完备，要进一步做好落实工作，克服处罚力度不够、执法不严等问题。同时，要建立稳定的环保投入机制，各省要逐步提高环保资金比例，将其更好地用于环保基础设施建设；要积极探索环保投资主体多元化，扩宽环保资金来源。

二、维护生态安全

长江中游城市区域要严守城市开发边界、耕地保护、生态保护“红线”，保护好我们的自然资源。在水资源管理与保护方面，尤其要重点强化水资源开发利用控制、用水效率控制、水功能区限制纳污“三条红线”的先导作用和刚性约束，建设节水型工业、节水型农业、节水型社会等。要共同制定长江中游城市群区域性生态修复法规以及生态修复保证金制度，加强对开发建设项目的监管和审批。以环保优先和自然修复为主，维护重点河湖库区等的健康生态。加强对天然林的保护，积极实施退耕还林。对湿地生态实施恢复工程，恢复其湿地功能。以国家级和省级自然保护区为重点，加强对珍稀濒危野生动植物的保护，共同维护城市群的生物多样性。

三、实施绿色发展

一要严格环境准入标准，限制高耗能高排放、产能过剩及低水平重复项目的建设。加快产业转型升级，促进产业特色发展、绿色发展、集群发展，打造现代产业集群，促进产业转型升级。二要大力发展循环经济。循环经济作为一种有效平衡经济增长、社会发展和环境保护三者关系的经济发展模式，是生态文明建设的具体体现。长江中游城市群应以发展循环经济为突破口，推进产业升级和城市转型，积极探索具有区域特色的循环经济发展新模式。三要深入推进低碳试点示范。推进国家低碳城市试点，开展省级低碳城市（镇）、园区、社区试点。四要大力推进科技创新。充分发挥科技创新对长江中游城市群生态文明建设的支撑作用，重点实施一批重大科技攻关及示范项目，大力发展科技先导型、资源节约型、环境保护型的产业和产品，加快淘汰高消耗、高污染、低效益的工艺装备、产品和企业。

四、加强生态环保合作

长江中游城市群是一个整体，生态环境建设与保护需要各城市的共同努力，必须树立系统思维的理念，共同加强生态环保合作。三省政府应形成定期联系会议制度，加强对整个长江中游生态环境保护的规划、指导、协调和决策，保护与恢复流域自然生态环境，协调人类活动与生态环境之间的关系。要构建跨区域生态环境保护联防联控体系，创新环境污染的治理方式，提升治理环境污染的能力，统筹整合不同地区、不同部门的力量，建立起跨地区、跨部门的联防联控体系，协同治理环境污染问题。要共同编制和实施水资源保护和水污染防治规划，共同防治鄱阳湖、洞庭湖、东湖、赣江、汉江、湘江、清江等重点河湖流域的水污染。联手防治大气污染，大力推进脱硫脱硝工程建设，实施城市清洁空气行动计划，建立健全城市群大气污染联防联控联治机制。共同构建跨区域自动化、立体化的应急监测体系，加快建设大气、水质、噪声自动监测预警系统，加强对重大环境风险源的动态监控与风险预警及控制；建立跨界环境污染事故通报协商处置机制，完善事故发生通报机制、应急监测结果互通机制、事故协调处置机制等。探索建立三审合一环境庭，合并审理环境民事侵权、行政违法、刑事犯罪案件。信息共享是实现生态环保协同治理的前提条件，推行生态环保协同治理，必须以构建开放、畅通的信息共享机制为依托，实现信息共享。企业、非政府组织和公民个人可以和政府良性互动，通过网络、论坛、博客、微博等途径提出关于两型社会建设的观点与意见。

五、共建城市群“绿心”

构建以幕阜山为主体，以沿江、沿湖和主要交通轴线绿色廊道为纽带的城市群生态屏障，建设城市群“绿心”。实施封山育林，加强水土流失综合治理，严格依法落实生产建设项目水土保持方案制度，加强各类开发建设项目水土保持监督管理，防止产生新增人为水土流失。推进生态公益林建设，改善林分结构，严格控制林木采伐和采矿等行为，加强自然保护区、风景名胜区、森林公园和地质公园建设，加强生物多样性保护，构建生态优良、功能完善、景观优美的生态网络体系。统筹考虑“绿心”涉及的有关县（市、区）纳入国家重点生态功能区范围问题。

湖北通城、湖南平江、江西修水三县位于长江中游城市群“绿心”的核心部位。近年来，通平修三县积极加强生态合作。2016 年以来，合作共建重点生态功能区，三县联手共同进入国家生态补偿县，将幕阜山水源涵养生态功能区增补为国家重点生态功能区；在主体生态功能区、耕地保护制度、绿色生活方式、生态文化体系、环境保护制度、水资源管理制度等方面，共同加强探索，推动绿色、循环、低碳发展。三县携手保护水资源。陆水入长江、修水入鄱阳湖和汨罗江入洞庭湖的水质，都保持在地表水二级水质标准。

六、打造全国碳市场中心

国务院批复同意的《长江中游城市群发展规划》，要求充分发挥湖北国家低碳省试点示范作用，明确“支持湖北碳排放权交易中心建设”。

2012年初，国家发改委下文同意在北京市、天津市、上海市、重庆市、广东省、湖北省、深圳市开展碳排放权交易试点。2013年6月至2014年6月，7个试点先后开市。2014年4月2日，湖北碳排放权交易中心在全国第6个开市，当日就成交51万吨，成交金额1071万元。自开市以来，湖北碳排放权交易中心累计日均成交40.48万吨，占全国的76.16%。截至2017年3月31日，湖北碳市场配额共成交2.97亿吨，成交总额70.07亿元。除一级市场（配额拍卖）外，湖北二级市场累计成交2.95亿吨，占全国的76.44%；成交额69.67亿元，占全国的81.06%。其中，现货市场线上公开交易累计成交3715.75万吨，占全国的29.20%；成交额7.94亿元，占全国的33.20 %。

相对全国其他6个试点地区保持着明显的优势。湖北共吸引投资者7865户，市场参与主体数量全国第一，成为全球第二大碳市场，具备了建成全国碳市场中心的独特优势。同时，湖北省碳市场激励机制初步形成，减排成效日益显著，控排企业通过减排和交易直接获益超过2.5亿元。各类碳金融创新全面领先全国。率先开展全国首个碳排放权质押贷款业务，目前累计质押金额已超过5.4亿元。湖北省在“十三五”规划中，也明确提出了将湖北武汉建成全国碳交易中心和碳金融中心的战略目标。根据我国政府向全球公布的计划，将建立覆盖30亿~40亿吨二氧化碳排放量的全国统一碳市场，这将使中国碳市场成为全球最大的碳市场，是排名第二位的欧盟碳市场的2倍。2017年6月12日，国家发改委印发了《“十三五”控制温室气体排放工作方案部门分工》，明确我国将推动区域性碳排放权交易体系向全国碳排放权交易市场顺利过渡，并于2017年启动运行全国碳排放权交易市场。

我国从2013年启动碳排放试点交易以来，碳排放市场交易金额已从2014年近6亿元增长到2016年超过10亿元。专家预测，不久的将来碳交易将成为全球规模最大的商品交易市场，碳金融的前景也因此十分广阔。长江中游城市群要充分利用湖北全国领先的基础，通过向长江中游地区和全国提供碳排放指标、准 CDM 项目、碳基金、碳期货等交易的碳金融产品，逐步形成全国碳排放权交易中心和碳金融中心。长江中游城市群要将做大碳市场和碳金融中心作为建设两型社会引领区的突破口，为我国实现二氧化碳排放目标作出积极贡献。

第十章　长江中游城市群经济一体化水平综合测度

本章从市场一体化、基础设施一体化、生态环境一体化、城乡一体化、公共服务一体化五个方面对长江中游城市群近十年（2009—2018年）的区域经济一体化程度做了测度。

第一节　区域经济一体化测度指标体系构建原则

根据长江中游城市群实际情况，同时为了定量分析的需要，构建城市群一体化综合指标体系应遵循以下原则：

一、科学性与准确性原则

科学性是指在选取指标时要符合城市群一体化的内涵，必须涵盖市场、公共服务、基础设施、城乡以及生态环境等方面，并且能够客观真实地反映其一体化状况。准确性原则是指被选指标不能带有模糊性，不能存有异议，要具有唯一性。总之，所选指标要能够全面而准确地反映市场一体化、城乡一体化、基础设施一体化、公共服务一体化和生态环境一体化五个方面的内容。

二、系统性与层次性原则

城市群区域经济一体化是一个复杂的大系统，在这个系统中，要反映系统的不同方面，众多要素被分类组合成不同层次，形成一个要素联系紧密、层次分明的系统。因此，要反映被评价地区一体化的发展状况，指标体系中各指标的层次结构应清晰完整，表达内容不重复而又相互联系，做到层次性与系统性相结合。

三、针对性和可操作性原则

长江中游城市群区域经济一体化所涵盖的内容较为宽泛，针对性是指在对长江中游城市群区域经济一体化测度指标进行选择时，无须包含所有的影响因素，而是应根据长江中游城市群区域经济一体化发展的具体情况来选择有针对性的测度指标。可操作性是指在选取指标时要考虑指标数据的可得性和可量化性，以充分实现对长江中游城市群区域经济一体化水平的测度与评价。

第二节　区域经济一体化测度指标体系的构成

长江中游城市群区域经济一体化所涉及的内容非常广泛，本节通过归纳综合指标的选取原则，结合区域经济一体化的核心，从市场、城乡、基础设施、公共服务、生态环境五个维度建立长江中游城市群区域经济一体化评价指标体系。

一、长江中游城市群区域经济一体化评价指标体系（见图 10-1）

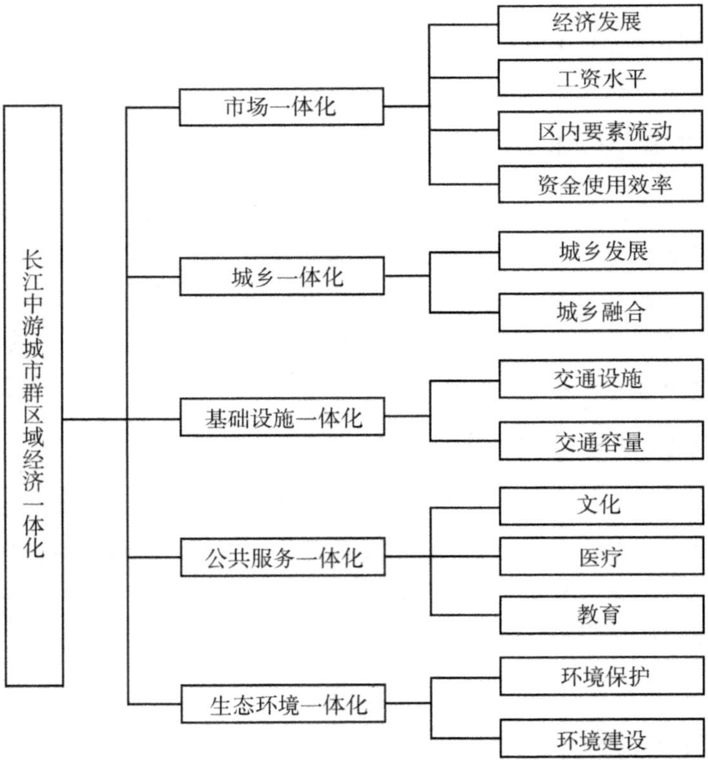

图 10-1　长江中游城市群区域经济一体化要素分解

（一）市场一体化

长江中游城市群市场一体化是区域经济一体化的重要推动力。如果市场能够一体化，可以使地区间的要素联系更加紧密，使生产要素以一种更加有效率的方式进行配置，从而促进区域一体化发展。因此，研究市场一体化，是研究区域一体化的一个重要方面和借鉴角度。

（二）城乡一体化

长江中游城市群城乡一体化是区域经济一体化的前提和基础。城乡一体化主要着眼于行政区域内部城乡的协调发展，可推动区域经济一体化更多地着眼于跨行政区域的互动协调发展，也是区域经济一体化的核心内容和实践任务，两者存在紧密的内在关联性。

（三）基础设施一体化

长江中游城市群基础设施一体化是区域经济一体化的切入点。基础设施一体化是区域经济一体化的骨骼系统，也是一体化的先行官。基础设施一体化的实施能够使区域形成一个全新的、融合的、顺畅与互联的网络系统，为经济和市场一体化提供更多的基础保障，同时使区域联系更加紧密，建立起高效的协作机制，形成顺畅的客运和物流体系，加速一体化进程。

（四）公共服务一体化

长江中游城市群公共服务一体化是区域经济一体化的关键因素。目前，长江中游城市群内在教育、文化和医疗方面资源严重不平衡。促进公共服务一体化，有利于促进社会的公平、公正，使经济社会保持在一个稳定的状态，在政治意义上也十分重要。因此，要通过公共服务共建共享，将区域内各地间基本公共服务水平的差距控制在合理范围之内，优化资源布局，从而减小公共服务差距，加快长江中游城市群整体的一体化进程。

（五）生态环境一体化

长江中游城市群生态环境一体化是区域经济一体化的重要保障。在经济社会快速发展的同时，环境问题不容忽视，粗犷的经济增长方式使地区环境日益恶化，严重制约着经济社会可持续发展。生态环境一体化就是要控制生态质量，将城市间的生态环境建设纳入同一个系统中，使各个城市的生态环境成为高度融合与互补的有机整体。通过环境共建、环境共治，使城市群区域经济一体化达到新的高度与水平。①

二、长江中游城市群区域经济一体化评价指标体系中的指标说明

长江中游城市群区域经济一体化所涉及的内容非常广泛，本章通过归纳研究综合指标的选取原则，参考“创新、协调、绿色、开放、共享”的五大发展理念，从经济、市场、交通、公共服务与生态环境五个维度建立城市群一体化评价指标体系。

根据指标选取原则，从以上五个维度出发对指标进一步细分，构成 1 个总指标、5 个一级指标和 21 个二级指标。具体指标如表 10-1 所示。

表 10-1　　**长江中游城市群区域经济一体化评价指标说明**

序号	指标	指标说明
1	CPI	该指标度量了居民家庭所购买的消费商品与服务价格水平随时间的变动情况
2	经济结构	指单位 GDP 与工业总产值的比值，反映城市经济的发展程度
3	职工平均工资	指各国有经济、城镇集体经济和其他各种经济类型单位及附属机构的在岗职工得到的劳动报酬的平均数
4	资金流	该指标用银行贷款余额与存款余额的比率表示，反映市场的资金流动情况
5	人口流动	指客流量与总人口的比值，反映人口在地区间所做的各种各样短期的、重复的或周期性的运动，主要动力是人口和经济差距
6	投资利用率	指利润总额与固定资产投资的比值，用来评价资金使用效果
7	人口城镇化率	指一个地区城镇常住人口占该地区常住总人口的比例
8	城乡经济差异	指（第二三产业总产值/城镇总人口）与（第一产业总产值/农村总人口）的比值

① 李泽升．京津冀城市群一体化水平评价研究［D］．石家庄：河北经贸大学硕士学位论文，2016.

续表

序号	指标	指标说明
9	城乡居民收入差异	指城镇居民人均可支配收入与农村居民人均纯收入的比值
10	城乡居民支出差异	指城镇居民人均消费支出与农村居民人均消费支出的比值
11	每平方千米公路里程	该指标代表城市每平方千米拥有的公路里程，反映地区的交通容量状况
12	每万人公路里程	该指标代表人均拥有的公路里程，反映地区的交通容量状况
13	每百人公共图书馆藏书	公共图书馆是一个地区的文化场所，其藏书数目代表着该地区在文化基础设施上的投入，人均公共图书馆藏书数反映该地区的文化公共服务水平
14	每万人占有医生数	该指标代表人均拥有医生的情况，反映该地区的医疗供给，代表着医疗这一基本公共服务的水平
15	每万人占有医院床位数	该指标代表人均拥有医生的情况，同样反映出该地区的医疗供给，代表着医疗这一基本公共服务的水平
16	人均教育支出	该指标用地方教育支出与常住人口之比来表示，反映了地方政府在教育事业上的投入以及地区教育公共服务水平
17	建成区绿化覆盖率	指在城市建成区的绿化覆盖率面积占建成区的百分比（绿化覆盖面积是指所有植被的垂直投影面积），该指标反映了城市环境建设的情况
18	人均公园绿地面积	指城镇公园绿地面积的人均占有量，该指标反映城市环境建设的情况
19	工业固体废物综合利用率	该指标用工业固体废物综合利用量占工业固体废物产生量的百分比表示，反映地区环境保护的情况
20	生活垃圾无害化处理率	指经过无害化处理的城市市区垃圾数量占市区生活垃圾产生总量的百分比，该指标反映地区环境保护的情况
21	污水处理厂集中处理率	指经过城市污水处理厂二级或二级以上处理并且达到排放标准的城市生活污水量与城市生活污水排放总量的百分比，该指标反映地区环境保护的情况

第三节 区域经济一体化数据来源与处理

一、数据来源与评价方法

（一）数据来源

为保证数据的准确度与科学性，本章所用数据均来自 2009—2018 年的《中国统计年鉴》《中国城市统计年鉴》《中国区域经济统计年鉴》以及各地市的统计年鉴及统计公报，对个别缺失的数据进行了填补处理。

（二）评价方法

本章利用客观赋权法——熵权法确定各个指标的权重。熵的概念来源于热力学，申农最先在信息论中用到了熵，现在熵的使用已经遍及各个领域。熵权法是一种客观的赋权方法，熵权可以通过计算不同方案之间指标数据的差异程度来获得。在计算的时候，依据各个指标的变异程度，先计算出各指标的熵权（通过信息熵计算而得），再通过熵权对各指标的权重进行修正，以使指标权重更加准确客观。

假设有 m 个样本，n 个评价指标，评价系统的原始矩阵为 $R=(r_{ij})_{m\times n}$

$$R=\begin{pmatrix} r_{11} & r_{12} & \cdots & r_{1n} \\ r_{21} & r_{22} & \cdots & r_{2n} \\ \cdots & \cdots & \cdots & \cdots \\ r_{m1} & r_{m2} & \cdots & r_{mn} \end{pmatrix}_{m\times n}$$

其中，r_{ij} 为第 j 个指标下第 i 个项目的评价值。对于某组指标，如果它所有指标之间的差异越大，那么在评价过程中，该指标所起的作用也就越大。如果某项指标的指标值之间的差异全部都不为零，那么在评价过程中，该指标所起的作用也就越大。如果某项指标的指标值之间的差异全部都为零，即指标之间没有差别，那么在评价过程中，该指标也就不起作用，而系统的有序程度也可以由信息熵表示，在计算各项指标效用值的差异水平之后，利用信息熵计算各指标的权重。①

① 代合治．中国城市群的界定及其分布研究［J］．地域研究与开发，1998(2)：41-44，56.

信息熵赋权的具体步骤如下：①

（1）将原始矩阵 R 归一化，得到归一化后的矩阵 B，其中：对于越大越满意的指标而言，有 $b_{ij}=\frac{r_{ij}-r_{\min}}{r_{\max}-r_{\min}}$；对越小越满意的指标而言，有 $b_{ij}=\frac{r_{\max}-r_{ij}}{r_{\max}-r_{\min}}$。式中：$r_{\max}$ 为同一评价指标下不同单元中最满意者（越大越满意）时，$r_{\min}$ 则为最不满意者；$r_{\min}$ 为同一评价指标下不同单元中最满意者（越小越满意）时，$r_{\max}$ 则为最不满意者。

（2）根据传统熵的概念，可以定义各评价指标的熵为：

$$H_j=-\left(\sum_{i=1}^{m}f_{ij}\ln f_{ij}\right)\Big/\ln m,\ (i=1,2,3,\cdots,m;\ j=1,2,3,\cdots,n)$$

式中 $f_{ij}=b_{ij}/\sum_{i=1}^{m}b_{ij}$，显然，当 $f_{ij}=0$ 时，$\ln f_{ij}$ 无意义，因此，对 f_{ij} 的计算加以修正，将其定义为 $f_{ij}=(1+b_{ij})/\sum_{i=1}^{m}(1+b_{ij})$。

（3）计算各评价指标的熵权：$W_j=(1-H_j)/(n-\sum_{j=1}^{n}H_j)$，当且仅当 $\sum_{j=1}^{m}W_j=1$ 时。由于本章使用的是面板数据，计算得出的熵权是每个年份的，为了保证准确性，对每个年份的熵权取均值，最终得出权重。

（4）确定指标权重后，采用线性加权法计算城市群区域经济一体化水平的大小。具体来看，若评价体系有 N 个评价指标，第 j 个评价指标的权重为 W_j，此评价指标标准量化值是 r_j，则第 i 个对象的综合评价值可表示为：②

$$S_i=\sum_{i=1}^{n}w_jr_j,\ (j=1,2,\cdots,n)$$

（5）最后根据模型中各指标权重值以及标准量化值进行加权求和得到评价体系指标综合值大小。特别指出，本章中评价指标的标准量化值是指标变异系数的大小，反映的是各个指标下区域之间的差异程度。定量指标的值越大，说明该地区一体化的差异程度越大，该地区一体化程度越低；反之，则说明该地区一体化程度越高。为了方便观察，我们对加权的变异系数进行处理，得到一体化指数计算公式如下：

① 姜君．基于熵权与变异系数组合赋权法的模糊综合评价模型［D］．北京：首都师范大学硕士学位论文，2011.

② 李雪松，孙博文．长江中游城市群区域一体化的测度与比较［J］．长江流域资源与环境，2013(8)：996-1003.

$$\text{一体化指数} = 1/S_i$$

二、评价过程与结果分析

根据熵权法的步骤，利用长江中游城市群27个城市2009—2018年的原始数据对各评价指标赋权，鉴于本章评价模型选择的地市层面，有些指标的数据难以获得，因此选择21个作为实际评价计算中的指标，结果见表10-2。

表10-2　　**长江中游城市群区域经济一体化指标权重**

	一级指标	权重		二级指标	权重
长江中游城市群区域经济一体化评价体系	市场一体化	0.2746	经济发展	CPI	0.0149
				经济结构	0.0553
			工资水平	职工平均工资	0.0386
			区内要素流动	资金流	0.0304
				人口流动	0.0669
			资金使用效率	投资利用率	0.0685
	城乡一体化	0.1040	城乡发展	人口城镇化率	0.0189
			城乡融合	城乡经济差异	0.0427
				城乡居民收入差异	0.0125
				城乡居民支出差异	0.0299
	基础设施一体化	0.3250	交通设施	每平方千米公路里程	0.1446
			交通容量	每万人公路里程	0.1805
	公共服务一体化	0.2254	文化	每百人公共图书馆藏书	0.0827
			医疗	每万人占有医生数	0.0471
				每万人占有医院床位数	0.0589
			教育	人均教育支出	0.0368
	生态环境一体化	0.0710	环境保护	建成区绿化覆盖率	0.0136
				人均公园绿地面积	0.0352
			环境建设	工业固体废物综合利用率	0.0155
				生活垃圾无害化处理率	0.0018
				污水处理厂集中处理率	0.0049

计算出各评价指标的权重后，将各个评价指标的变异系数带入综合评价的公式，最终得到长江中游城市群2009—2018年市场、城乡、基础设施、公共服务与生态环境五个方面的一体化指数及综合一体化指数。

第四节　区域经济一体化进程结果分析与评价

一、长江中游城市群市场一体化评价

长江中游城市群市场一体化水平值见图10-2。可以看出，2009—2011年长江中游城市群市场一体化水平值呈现增加趋势，2011—2016年呈现波动趋势，而到了2016年之后，市场一体化水平开始提升，且增加较为明显。

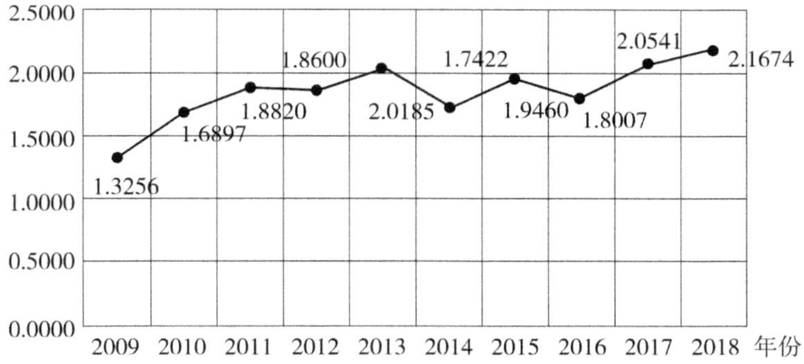

图10-2　长江中游城市群市场一体化水平值

二、长江中游城市群城乡一体化评价

长江中游城市群城乡一体化水平值见图10-3。可以看出，长江中游城市群城乡一体化水平2009—2016年呈不断上升的趋势，但2016—2018年呈现下降趋势。城乡一体化水平下降趋势可能是城市二三产业占GDP比重不断提升，一产比重不断减少造成的。另外，由于随着长江中游城市群产业升级，产业结构不断优化，产品的附加值和利润的提升，致使城市居民收入大幅提高，且提高的幅度远远大于农村居民收入，造成城乡收入差距、城乡消费支出差距扩大，进而造成城乡一体化的趋势减慢。

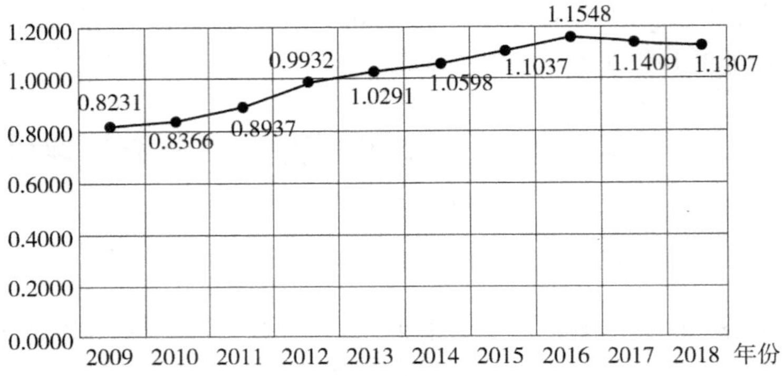

图 10-3　长江中城市群城乡一体化水平值

三、长江中游城市群基础设施一体化评价

长江中游城市群基础设施一体化水平见图 10-4。可以看出，长江中游城市群基础设施一体化水平基本呈现上升趋势。且在 2012 年和 2018 年呈现加速上升的趋势，2012 年加速上升可能是因为 2008 年金融危机爆发，国家开始加大长江中游地区的交通基础设施投资力度，在 2012 年得以显现。2018 年加速上升是因为随着 2015 年《长江中游城市群规划（2015—2020）》颁布实施，湘鄂赣三省加大了对当地以及省际边界基础设施的投资，在 2018 年得以凸显。

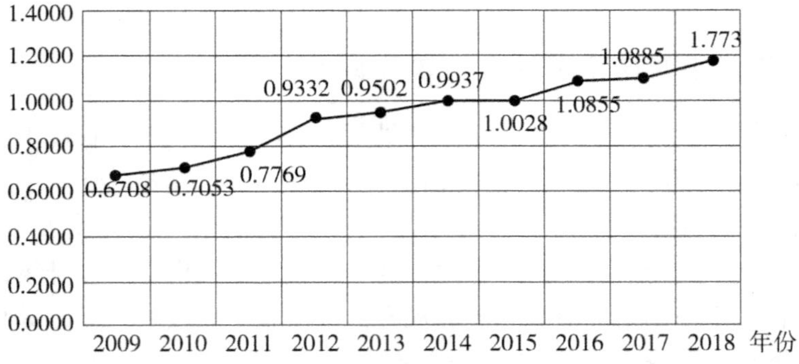

图 10-4　长江中游城市群基础设施一体化水平值

四、长江中游城市群公共服务一体化评价

长江中游城市群公共服务一体化水平值见图10-5。可以看出，长江中游城市群公共服务一体化水平从2009—2016年呈现上升趋势，而在2016—2018年呈现下降趋势。这主要是因为，随着近年来中部崛起和长江经济带战略的深入实施，国家的发展重点逐步由沿海向内陆转移，在此期间，长江中游地区承接了大量沿海地区的产业转移，致使人口逐步回流，造成教育、医疗、文化等公共服务资源短缺。

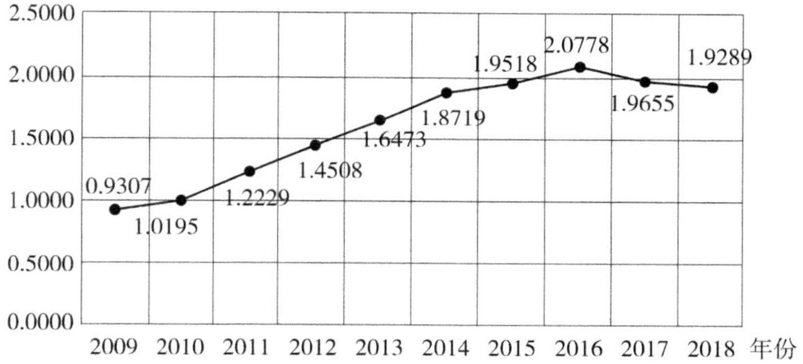

图10-5 长江中游城市群公共服务一体化水平值

五、长江中游城市群生态环境一体化评价

长江中游城市群公共服务一体化水平值见图10-6。可以看出，长江中游城市群生态环境一体化水平从2009—2018年总体呈上升趋势，其间偶有波动，但波动范围不大。

六、长江中游城市群区域经济一体化评价

长江中游城市群区域经济一体化水平见图10-7。可以看出，长江中游城市群区域经济一体化趋势较为明显。仅在2014年有所下降，但幅度不大，之后一体化水平迅速增加，城市群区域经济一体化趋势明显。总体来看，近十年间，长江中游城市群区域经济一体化态势良好。

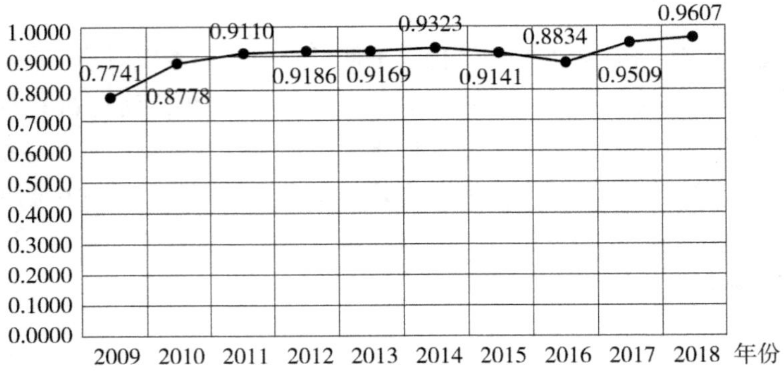

图 10-6　长江中游城市群生态环境一体化水平值

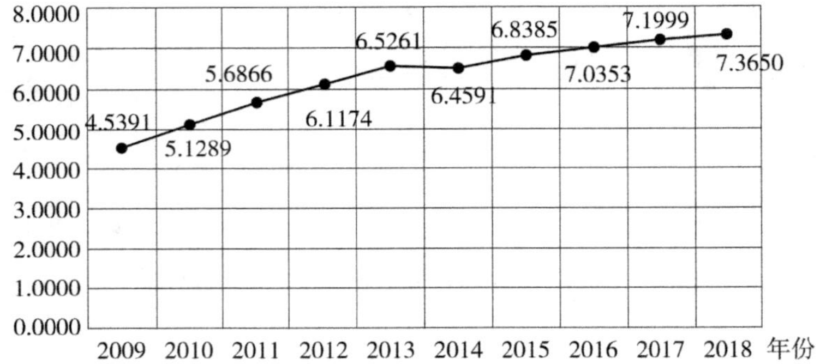

图 10-7　长江中游城市群区域经济一体化水平值

第十一章　完善长江中游城市群区域经济一体化机制

要实现长江中游城市群区域经济一体化发展，就需要建立市场、政府和社会组织相互协调、相互促进的统一机制。

第一节　城市群区域经济一体化的市场机制

一、市场机制的作用

（一）自由整合城市群内的要素

长江中游城市群内的人才、资源、资金与技术等要素在市场机制的引导下能够形成以效率为原则的优化配置方式。市场机制可以使湘鄂赣三省内人口、资本、技术等要素在城市之间、城乡之间自由流动，促进长江中游城市群内的人口集聚、产业集聚及扩散效应的充分发挥，提高长江中游城市群内资源的优化配置效率，促进长江中游城市群内经济的发展。经济发展反过来又会进一步加强长江中游城市群内各城市之间的经济联系，从而促进各城市经济结构、产业结构的转换与升级，最终优化城市群内的经济结构，完善长江中游城市群内的整体经济功能。

（二）协调城市群内城市的关系

克鲁格曼（Krugman，1999）等人指出，在市场经济条件下，企业与个人追求自身利益或效用最大化会使得城市的形成与发展及城市化进程加快。① 市场机制可催生并培育长江中游城市群的中心城市，促进武汉、长

① Masahisa Fuieta, Paul Krugman, Tomoya Mori. On the evolution of hierarchical urban systems [J]. European Economic Review, 1999 (3): 209-251.

沙、南昌等中心城市的迅速发展及其功能的优化，强化武汉城市圈、环长株潭城市群、环鄱阳湖城市群内部城市之间的联系，以及三大子群外围城市之间的联系，从而形成合理的城市圈层结构。圈层结构的出现避免了长江中游城市群内各城市之间产业结构趋同和产业链条不连贯的弊端，为产业多元化和延伸区域内产业链条提供了可能，这正是市场机制外部环境与长江中游城市群内部城市系统之间相互作用的结果。同时，市场机制外部环境与长江中游城市群内部城市系统在发展过程中不断进行物质与能量的交换，这将会促使长江中游城市群内部城市系统之间发生非线性相互作用。长江中游城市群可通过其内部城市系统中具有比较优势的中心城市和副中心城市人口规模的逐渐扩大，逐渐趋向多样化功能，从而形成吸引产业和人口聚集的新动力。

随着武汉、长沙、南昌三大中心城市，以及黄石、湘潭、九江等副中心城市的形成，市场机制将会通过价格杠杆的手段，调节长江中游城市群内不同城市间的经济关系。首先，市场机制将以长江中游城市群内的公民、企业和地方政府的自由选择为价值取向，根据人们利益最大化的原则配置要素，促使产出和收益的提升。其次，市场机制的趋利性也可使长江中游城市群内各城市不断提升自身地位及其在整合长江中游城市群中的作用；城市群内的各城市通过不断优化自身的产业结构和层次，进一步增强功能定位，通过自身竞争力的不断提高，进而提升长江中游城市群的整体竞争力。

（三）引导产业的合理布局

长江中游城市群区域经济一体化的目的是按照产业分工与合作的原理，利用区域内各个城市的比较优势和区位优势，有目的、有针对性地进行产业布局，实现产业的聚集，最终达到规模经济和范围经济，从而提升长江中游城市群内产业的整体竞争优势。

市场机制在产业空间区位的选择上将发挥重要的作用。长江中游城市群各地政府应充分尊重市场机制对整个长江中游地区的整合，不断优化各地的营商环境，在把竞争机制引入经济活动的空间区位选择中的同时，应充分发挥区域内中心城市、副中心城市以及其他城市的效能和潜力，在竞争中最大限度地使各种空间区位和最适宜的经济活动相结合，通过经济活动优先促进三大都市圈（武汉都市圈、环长株潭城市群、环鄱阳湖城市群）的可持续发展与繁荣，从而带动整个长江中游城市群区域经济一体化发展。

二、市场机制的缺陷

（一）过分追求短期利益

在市场机制的作用下，长江中游城市群内部中的城市更多追求的是眼前利益和地方利益，这与长江中游城市群发展的长远利益和整体利益相悖。因而如何将长江中游城市群内各城市市场主体的眼前利益和地方利益与整个城市群的长远利益和整体利益整合起来是市场经济面临的一个基本难题，也是长江中游城市群市场一体化面临的问题。

（二）容易造成垄断现象

在城市群内部市场竞争中规模经济效益显著的行业容易形成垄断（包括自然垄断和非自然垄断），使生产和技术出现停滞的趋势。市场的真谛在于竞争，但由于市场经济的规模效应，市场竞争在导致积聚、集中，并最终形成垄断的同时，又抑制了竞争，导致低效率，这将不利于城市群内部市场的发展。对于长江中游城市群而言，经济上有合理性的自然垄断部门（如供电、供水、能源供应等），需要湘鄂赣三省内部各级政府和消费者参与成本核算和价格制定，有效保护区域内消费者的合法权益。而竞争性行业的行政性垄断，会破坏整个长江中游城市群内部公平竞争的市场秩序，阻碍技术进步和经济发展，导致市场机制不能有效运作，社会资源也达不到合理配置，造成长江中游城市群内各省之间、城市之间、城乡之间的社会收入分配不公。

（三）无法解决外部效应

所谓外部效应，是指私人边际成本和社会边际成本之间或私人边际效益之间的非一致性，即某些个人或企业的经济行为影响了其他个人或企业，但都没有为之承担应有的成本费用或没有获得应有的报酬。外部效应可分为外部正效应和外部负效应两种。正效应典型的例子是教育，而负效应典型的例子是污染。

长江中游城市群是一个有机整体，但长江中游城市群内的重大基础设施、环境及资源的开发与利用等都存在正的或负的外部性，不论是正的外部性还是负的外部性都会在实质上造成私人收益与社会收益的差距，引发利益矛盾，这些矛盾都是无法靠市场机制解决的。

三、对市场机制的评述

市场机制是推动长江中游城市群区域经济一体化的根本动力，是实现长江中游城市群区域经济整合的主导机制。市场机制能促进长江中游城市群内要素的自由流动、促进中心城市的形成、协调区域内城市发展的关系、引导产业的合理布局。但是，市场机制还存在一些固有的内生缺陷，比如追求短期利益、产生垄断等，这些缺陷都会影响到长江中游城市群的区域经济一体化。因此，长江中游城市群要实现区域经济一体化完全依靠市场机制是不够的。

第二节　城市群区域经济一体化的政府机制

一、政府机制的作用

（一）引导长江中游城市群的健康发展

在长江中游城市群发展过程中，如果政府放任其自由发展，则会出现环境急剧恶化、土地利用结构失衡、城郊出现大量城中村、交通过度拥挤等一系列严重问题。因此，需要中央、湘鄂赣三省各级政府制订综合规划，通盘考虑长江中游城市群的土地利用功能布局、交通体系以及相关市政基础设施，通过制订规划来引导长江中游城市群可持续发展。

（二）开展基础设施的建设

长江中游城市群是人口和制造业高度聚集的地区，经济活动强度大，物资和人员流动密度高，因此对交通运输、水污染治理和其他市政基础设施这类公共产品提出了较高要求。基础设施属于公共产品，其建设和运营只有依靠政府才能完成，市场难以开展大规模的规划和建设，基础设施的不完善是制约长江中游城市群一体化发展及其经济整合的瓶颈。政府在推进长江中游城市群基础设施一体化建设方面有着天然的优势，湘鄂赣三省政府可通过合作的方式，加快实现长江中游城市群内城市间、城乡间基础设施的畅通性，实现长江中游城市群内外物流、人流、信息流的快速流动，提高整个区域国民经济的资源配置效率，加速长江中游城市群的基础设施一体化建设进程。因此，只有通过政府对基础设施的建设与运营才能够为长江中游城市群的发展提供支撑。

（三）促进地方政府间的协作

长江中游城市群的经济整合要求区域内城市地方政府之间进行协调与合作。长江中游城市群的地理范围包含湖南、湖北、江西三省，共计31个市和近200个县，因此与长江中游城市群整体发展相关的重大基础设施的规划建设就需要各地方政府之间的协调与合作，避免城市群内各地方政府间的竞争，造成基础设施重复建设等问题，阻碍城市群经济功能的整合与城市群整体竞争力的提升。三省政府在机制设计上要尽量协调好各城市之间的利益，努力提高地方政府间合作的积极性。

（四）加速长江中游城市群的功能聚集

长江中游城市群经济的形成既有历史、地理、经济等因素的影响，又受政府方针、政策的制约。长江中游城市群目前处在经济转型发展的关键时期，在实现城市群经济整合过程中，政府的作用和效率是显而易见的。政府是打破行政区经济，实现长江中游城市群经济功能合理化、科学化的不可或缺的政治因素。中央政府制定的各种政策、方针、战略规划和法律法规能够解决长江中游城市群内各城市地方政府各自为政的局面，有利于长江中游城市群增长极功能的发挥，从而提升城市群的整体功能。长江中游城市群由不同行政区划的政府组成，而城市群经济是非行政区经济，属于整体经济。整体经济需要形成合理的产业分工和产业布局，以实现规模经济和范围经济，进一步增强城市群本身的聚集功能，强化增长极的作用，政府的这种规范作用正是加速长江中游城市群经济发展和功能聚集的强化剂。

二、政府机制的缺陷

（一）产生新的外部性

政府在试图修正市场失灵，限制负外部性时产生了无法预见的副作用。任何一项政策或调节措施都会产生新的弊端。美国经济学家查尔斯·沃尔夫认为，这种“派生的外部性之所以难以预料，是因为公共政策的后果可能远离目标”。① 美国著名学者斯蒂格里兹也指出：“许多行动的结果是极为复杂和难以预测的。”例如，当纽约通过了它的有关控制房租的条例后，没想到租房

① 查尔斯·沃尔夫．市场或政府［M］．北京：中国发展出版社，1994.

的供应量锐减，并使不动产业更加放任自由；而“政府只能在一定范围内控制这些后果，对计划外的影响因素政策制定者们的控制能力有限”。①

（二）造成资源的浪费

在地方政府部门及政府控制的公共服务部门中，可能存在寻租和腐败现象，导致效率低下。社会为此付出的费用大大高于社会本应支付的成本。公共部门还经常提供超出需要的公共产品和服务，造成了生产过剩，浪费了宝贵的资源，从而也减少了公共福利。

（三）形成了新的垄断

政府对经济生活的调控可以在一定程度上控制垄断，但产生了新的垄断即“国家垄断”。一些企业的经济活动被人为地置于各级政府的保护之下，阻碍了生产要素在不同行业、不同部门之间的自由流动与合理配置，给一些特殊的利益集团带来好处。政府运用权力进行的再分配，其实质是将一部分财富转移到另一部分人手中。某些集团会通过努力以促使政府实施有利于自己的分配政策。政府在试图保护一部分人利益的同时却损害了或许是更多人的利益。在产生这种由权力制造的新的分配不平等的同时，还损害了一部分人创造财富的积极性，这无疑会带来更大的损失。这一切也都会造成低效率、资源浪费及公共福利的缩减。

三、对政府机制的评述

政府机制是长江中游城市群区域经济一体化中的一个重要机制，政府机制提供了公共产品的供给与管理，克服了市场微观主体对公共领域的排挤，保障了市场秩序，提供了相应的制度安排，有利于提高长江中游城市群发展的效率。

但是和市场机制一样，政府机制也有弊端，即“政府失灵”。政府失灵有“过”和“不及”两种情况：一是政府对经济的干预过度，干预的范围和力度超过了弥补市场失效和维护市场机制正常运作的合理需要。二是国家干预力度不足，不能满足特定经济发展阶段弥补市场失灵和维护市场机制正常运作的合理需要，或者干预内容和干预方式不适合经济发展的要求，一些环境因素使得市场机制无法正常发挥作用。

---

① 斯蒂格里兹．政府经济学［M］．北京：春秋出版社，1988.

长江中游城市群区域经济一体化，强调区域内各经济地域单元间的横向联合与分工协作，要求要素与资源在各经济地域单元间优化配置并自由流动，以市场机制为要素与资源配置的基础性手段，以最大化长江中游城市群经济的整体利益为目标。在政府主导型的地域经济发展模式下，在经济运行过程中长江中游城市群内部各经济地域单元都是具有独立利益诉求的行为主体，都有促使本地域经济快速增长与效益最大化的动机与意愿，这必然会给长江中游城市群区域经济一体化的推进带来阻力，产生“行政区经济”问题，如各经济地域单元在大型基础设施建设上不衔接，在生态环境保护方面不合作，在招商引资、土地开发及产业发展等方面恶性竞争，造成经济运行质量下降、区域资源巨大浪费和生态环境恶化。为了解决政府机制的固有问题，除充分发挥政府的协调机制外，还需引入社会组织开展监督。

第三节　城市群区域经济一体化的社会组织机制

一、长江中游城市群建设的社会力量

社会组织主要由社团、商会和行业协会等构成，它是社会力量参与长江中游城市群发展的经济整合机制运行的社会基础，是推动长江中游城市群经济整合的社会力量代表，是社会机制正常运行并发挥作用的保证。这是由于社会中介组织中的专业性学术研究团体，凭借丰富的专业知识，逐渐承担起政府决策参谋的角色，为政府决策提供咨询和建议，提高了政府的决策民主化、科学化水平。同时，社会中介组织能够灵活地反映社会各方面、各层次的信息，较直接地代表广大民众的需求，有利于长江中游城市群区域经济一体化政策制定的合理性。①

二、发展社会组织有利于制度建设的完善

社会组织的存在有利于长江中游城市群内市场机制的完善和健全。市场的主要职能是担负起组织长江中游城市群内部的经济活动，促进长江中游城市群经济发展。但是，市场经济远离政府的缺陷又不利于市场经济的管理，这就需要社会中介组织来调节，从而顺利地沟通市场与政府的关系。社会中介组织作为协调长江中游城市群发展中市场与政府关系的媒介和载体，具有客观性和公

① 纪晓岚．长江三角洲区域发展战略研究［M］．上海：华东理工大学出版社，2006.

正性的特征，能对市场体系的运行和整个市场经济起到促进作用，从而维护长江中游地区市场公平竞争。目前，在长江中游城市群发展的经济整合过程的市场机制和法制建设尚未健全与完善的情况下，无疑需要社会中介组织来弥补市场运行的缺憾。而社会中介组织这种中立性和中介性的特征又决定了其不存在与服务对象相冲突的组织利益，有利于社会中介组织在政府与企业之间、政府与市场之间、企业与企业之间以及地方政府之间协调功能的发挥，从而可以对湘鄂赣三省市场进行规范与引导，为企业提供法律、信息等方面的服务，提高企业经营管理水平和效率，促进企业加快现代企业制度建设和市场制度建设的步伐。

三、发展社会组织有利于优化政府行为

长江中游城市群经济整合的过程既是政府职能转化的过程，又是经济协调优化的过程。在经济全球化的大趋势下，在保持现有行政区划不变的条件下，要实现区域内产业结构的优化、整体功能的提升，单纯靠政府机制是没有办法解决的，只有转变政府职能才是有效的途径。社会机制的良好运行，能够有效地促进长江中游城市群内各地方政府决策的民主化、科学化，优化政府行为，提高政府效能。社会组织通过优化政府行为可降低长江中游城市群内经济整合的行政成本，承接不属于政府的职能，最大限度地发挥社会潜能，克服湘鄂赣三省政府各自为政的决策模式，优化长江中游城市群内的政府行为，起到强化政府组织作为协调者、决策者和监督者的作用。

四、社会组织可以成为沟通政府、公民和企业的桥梁

在长江中游城市群发展的经济整合过程中，因为区域内各城市都是独立的行政单元，出现了“行政区经济”和“区域性经济”的矛盾，使得单纯行政区经济下政府与公民、企业的关系更加复杂，沟通工作在此时就显得尤为重要。社会组织能较好地发挥这一桥梁作用：其一，社会组织能够及时地集中长江中游城市群内企业、公民等社会成员对政府的愿望、要求、建议、批评并“上传”给政府；其二，社会组织能把政府的政策倾向及对相关问题的处理意见“下达”给区域内的成员。这就实现了政府、企业和公民之间的沟通与互动，从而推动长江中游城市群内政府与企业、公民的合作，化解了整合过程中的矛盾。

五、发展社会组织有利于提高经济一体化的社会参与度

社会组织能协调不同城市之间的政府、企业及个人的利益冲突和矛盾，使湘鄂赣三省按照产业集群、空间集聚的原理来合理统筹不同城市之间的产业发展要求，尽量达到规模经济和范围经济的效应，从而使长江中游城市群区域经济一体化的社会参与度大大提高。社会参与度的提高体现了对长江中游城市群区域经济一体化功能的社会认同。这样也能更为有效地推动长江中游城市群区域经济一体化的制度创新和可持续发展。

第四节　城市群区域经济一体化机制运行保障

市场、政府和社会组织是城市群区域经济一体化中不可或缺的机制，但三大机制分工各有不同。

一、三大机制运行的基本条件

（一）完善的基础设施建设

基础设施是实现长江中游城市群经济发展的重要桥梁。要素流动和商品贸易都是以基础设施作为实施条件，而产业结构与产业布局的形成也是以基础设施作为依托条件。城市间特别是长江中游城市群内的中心城市、副中心城市与周边城市之间的交通联系更加紧密，形成了既有等级公路、高速公路、轨道交通，又有城际公交、出租车和私家轿车的立体交通体系。便捷的交通网络提高了长江中游城市群内部城市间的交通可达性，降低了城市间要素空间流动的成本，进而提高了集聚效益和扩散效益。因此，长江中游城市群内基础设施完善成网的程度，直接影响到要素流动的规模与水平，并最终影响到市场一体化的发展过程。在信息技术高速发展的今天，互联网的飞速发展，使得长江中游城市群内的都市圈之间、城市之间的联系更加便捷，联络成本不断下降。同时，通信设施的完善和多样化，也使得各城市间的经济联系更加立体化，这都将有利于长江中游城市群的发展。

（二）自由的要素和产品流动

长江中游城市群区域经济一体化需要区域内要素市场和产品市场畅通无阻，无贸易壁垒，这是长江中游城市群区域经济一体化的前提条件和重要基

础。要素市场和产品市场贯穿于城市群经济运行的始终，如果没有要素和产品的自由流通就没有长江中游城市群区域经济一体化的发展可能。长江中游城市群区域经济一体化是顺应市场经济发展的客观要求，市场机制对长江中游城市群内社会经济资源的优化配置起着直接的推动作用，没有统一的市场体系，长江中游城市群就不可能实现社会经济资源的最优化配置。

（三）良好的生态环境建设

良好的环境有利于长江中游城市群的要素流动以及流速的提高，如果环境保护分而治之或缺乏必要协调，这对长江中游城市群内区域经济一体化的要素流向和流速的影响就会非常大，这种影响也是长江中游城市群区域经济一体化的障碍。

（四）较高的社会组织参与度

社会组织是社会机制在长江中游城市群经济整合中的社会参与机制，是适应社会地域文化和社会发展的客观产物。没有社会组织的参与，政策的落实和协调就难以到位。社会组织参与度的提高体现了社会认知度的提高，只有社会认知度提高，长江中游城市群区域经济一体化才能得到发展。

二、三大机制运行的保证

（一）统一的经济运行和管理制度

统一的经济运行管理是长江中游城市群区域经济一体化的发展模式和构架基础。长江中游城市群区域经济一体化应在一定的经济运行规则下进行，并且受到管理机制的规范。不同的经济运行和管理机制，对经济发展有着不同的影响，而长江中游城市群区域经济一体化则要求城市群内各经济主体具有相同或相协调的经济运行与管理机制，这也是长江中游城市群发展的基本制度保证。

（二）明确的制度规范和政策措施

政府职能发挥的主线应是长江中游城市群市场一体化的制度供给，这可以协调区际利益，消除行政分割与障碍，建立良好的市场竞争环境和条件，并通过制度规范保证市场竞争的公平、公正，从而减少市场运行的交易成本，充分体现市场机制在区域资源配置中的基础性作用。要通过区域协定、区域公约或局部协商、多方协议等形式突破地方保护性政策，构建长江中游地区区域大市场。湘鄂赣三省政府要在户籍制度、就业制度、教育制度、医疗和社会保障制度改革等方面加强协调，构建统一的制度框架和实施细则，实现区域框架内的融合；要达成长江中游城市群区域统一市场建设、区域共同服务体系、生产要素自由流动、投资便利化等方面的多边协议。这是长江中游城市群区域经济一体化的制度规范和法律保障。不同的制度构架与政策措施，不仅导致各经济主体经济发展结果的差异，而且直接影响着长江中游城市群经济整合的进程。

（三）科学的城市群发展规划方案

长江中游城市群形成主要是区域内经济发展自身的要求，但是仅仅依靠长江中游城市群内各个城市之间集聚与扩散力量自发地形成城市群，是一个十分缓慢而又艰难的过程，必须通过政府的科学规划来推动长江中游城市群的区域经济一体化建设。政府应把长江中游城市群所有市、县（区）纳入规划范围，总体考虑长江中游地区的发展定位、发展目标、功能布局、基础设施建设、产业分工、环境保护等，形成各城市之间分工协作、功能互补的城市群格局。

科学的规划对长江中游城市群发展演化起到保障作用，主要表现在以下四个方面：第一，科学规划可对长江中游城市群的社会、经济和环境等各项要素进行统筹安排，在注重城市区域的协调发展、产业布局的协调发展、城市与农村的协调发展的同时，保证区域内城市间要素合理有序流动；第二，科学规划可突出地方特色和优势，因地制宜，促进长江中游城市群综合竞争力不断提高；第三，科学规划可协调长江中游城市群内各级政府加强合作，有效解决区域内能源利用、环境污染和重大基础设施建设等问题；第四，科学规划既可解决当前长江中游城市群的建设问题，又能合理预期未来发展变化，保证长江中游城市群的可持续发展。总之，符合长江中游城市群发展规律的科学规划将不断完善长江中游城市群城市等级体系、保护和促进内部经济联系，从而有力地保障和促进长江中游城市群区域经济一体化的发展。

综上所述，长江中游城市群区域经济一体化发展需要市场、政府、社会组织的共同作用，三项机制各有利弊。市场机制可以自由配置长江中游城市群内的资源、降低信息的不对称性；政府机制可以解决市场机制无法解决的如基础设施建设等问题；社会组织机制能够优化政府行为、提高区域经济一体化的社会参与度，协调市场和政府之间的关系。三项机制的有机联合将会促进长江中游城市群区域经济一体化的建设。

第十二章　推进长江中游城市群一体化发展的政策建议

第一节　加快交通基础设施一体化发展

交通一体化对实现长江中游城市群区域经济一体化的发展具有重要的推动作用。

一、合力构建长江中游城市群的综合交通网络

首先，利用长江航道优势，合力打造长江中游地区港口群，加快长江中游快速通道和综合交通体系建设。建设以武汉新港为主体，以宜昌、荆州、黄石、长沙、岳阳、九江、南昌为综合运输主骨架，以中部地区重要港口为补充的国内综合运输中转集散基地。重点建设一批适应能源、钢铁、化工原料、产成品、建材以及外贸物资等大宗货物中转的港口，加快建设铁水联运港。同时建设一批以冶金工业原料、产成品、建材转运为主的中小型港口。通过港口群的建设促进经济的融合，全面开展经济技术合作，加快形成中部崛起的先行区。其次，以武广高铁、京九客运专线等为主体，以武汉、长沙、南昌为中心节点，加快建设三大城市群之间的快速通道和交通体系，突破性建设三大城市圈之间的快速交通走廊和经济走廊。当前，要重点策划和上马一批跨省重大交通项目。

二、发展优质便捷的旅客综合运输服务

统筹城市群综合客运枢纽布局与一体化建设。根据各个城市地位与人口分布特征，确定城市群综合客运枢纽的规模、层次及布局；循序渐进地推进综合客运枢纽建设，优先依托既有或在建的机场与铁路枢纽配置城市道路交通与轨道交通拓展高容积率的换乘枢纽，强化枢纽与常规公交、出租车、私家车、轨道交通的便捷衔接，支持建成专用的乘客换乘通道，重点推进武汉西站、九江

客运西站、株洲综合客运枢纽等大型枢纽建设。

加快发展旅客联程运输服务。鼓励湘鄂赣三省开展不同形式的旅客联程运输，提高旅客全程运输效率；支持不具备建设机场或高铁站的城市、城镇发展“空巴通”“空铁通”“公铁通”与异地候机楼等联程服务模式，重点推进依托天河机场、黄花机场等机场与长沙南、株洲西等高铁站的联程服务；加快推进跨方式、跨平台的购票组合业务，实现联程运输“一票到底”，支持第三方平台提供票务套餐服务；加快推进城市轨道交通、公共交通与民航、高铁始发时刻的对接，鼓励整合交通信息的综合性平台，保障联程服务质量。

三、发展集约高效的货物综合运输服务

加强综合货运枢纽布局与建设。统筹谋划鄂湘赣三地综合货运枢纽定位、规模与层次，加强顶层设计与规划对接，针对城市群运输结构失衡的特点，优先推进大型铁路枢纽建设，强化铁路枢纽的快速转换与公路仓储配送功能，提高铁路专用线利用率，重点推进武汉汉口北公铁联运中心、株洲铁路物流园等项目建设；支持发展依托港口、铁路、机场的货运枢纽（物流园区）建设，加强多式联运、干支衔接、城市配送功能的布置。

构建通力协作的现代化港口群。依托城市群发展的结构特征，强化武汉长江中游国际航运中心的地位，巩固九江新港发展特色，吸收宜昌港、黄石新港、岳阳城陵矶港等其他港口与无水港的分支补充，逐步转向围绕集装箱干线为主，大宗散货、件杂货等齐聚，以方式间衔接为基础、以资本合作为纽带、以市场企业为主体、以现代物流为方向的港口群发展模式。

推进货物多式联运服务。加强三省交通运输部门、铁路、民航与海关、检疫检验、税务等部门的协同联动，打通通关手续、破除机制障碍；支持大运量、中长运距的货物开展适宜形式的多式联运，加快推进汉新欧、湘欧、赣欧亚等国际铁路货运班列发展，鼓励长江经济带沿线打造集装箱江海联运、铁水联运体系，支持依托鄂州顺丰新货运机场及其他骨干机场开展高附加值、高时效性产品的“卡车航班”、陆空联运等。

四、加强综合运输服务一体化制度建设

推进大交通管理体制改革。继续深化大部制改革，建立跨区域、跨方式、跨部门的协调发展机制，重点加强鄂湘赣交通运输厅与武汉铁路局、南昌铁路局、广铁集团在规划、决策、运营、管理方面的协同机制与应急措施。强化交通运输主管部门与国土、住建、海关、工商等其他部门的沟通机制与联合执法

机制，探索国铁与城际、城市轨道交通间、公路与城市道路间的融合发展机制。

建立长江中游城市群一体化规划组织。该组织牵头负责对城市群整个区域进行系统规划、协调并提供决策支持，在城市群综合运输一体化的前期规划工作中发挥统筹协调与顶层设计的作用。①

鼓励发展多元投融资模式。可研究设立长江中游城市群综合运输服务一体化发展基金；研究建立长江中游城市群轨道交通投资公司，探索轨道交通与土地开发结合的发展模式；推进政府和社会资本（PPP）合作模式；积极争取中央与地方财政支持，为交通基础设施建设谋划可持续资金保障。

加强土地、财税、运输及补贴等政策支持。建立平衡的土地供给政策，推进稳健的财税政策，适当引导运输结构转移。长江中游城市群内可协商建立统一、公平的交通管制政策、经营补贴政策等，以引导城市群市场主体协同发展。

第二节 加快产业一体化发展

产业一体化发展象征着一个地区的经济特色，是区域经济一体化的主导和关键力量。长江中游城市群产业一体化需要依托当地产业集群优势，根据当地的产业基础、发展方向以及产业优势来确定。

一、打造“一带一路”产业腹地，构建产业集群

长江中游城市群产业集群效应的发挥需要政府机制的介入，政府在产业集群发展过程中要着眼于为本地区内所有企业创造低成本的产业环境，提供良好的基础设施，增强各地企业间的联系，制定吸引投资的一系列优惠政策，强化和丰富产业集群的社会资本，协调企业之间的共同行动，催生和维护企业之间良性的竞争与合作，为投资者创造良好的投资环境，为本地产业集群的发展提供基础设施完备的工业园区和交通网络等。在具体服务内容上，应根据长江中游城市群各城市特色和自身所处的成长阶段，及时提供产业集群所需的公共服务，积极创建各城市主体相互协同的软硬环境。

目前，长江中游城市群产业集聚的重点是优化布局，改善产业配套环境，

① 于胜英，等．京津冀城市群综合交通运输一体化研究［R］．北京：北京交通发展研究中心，2016.

建设一批特色产业基地，形成产业链和产业体系，实现产业一体化发展。长江中游城市群要依托三大次级城市群的自身优势，大力发展主导产业集群，即武汉城市圈发展以光电子信息、新材料、生物工程等为主的产业集群；环长株潭城市群发展以汽车制造、设备、精细化工等为主的产业集群；环鄱阳湖城市群发展以汽车配件、食品工业、农产品加工等为主的产业集群。

在构建长江中游城市群经济发展基本架构的基础上，要进一步推进产业布局一体化，以武汉、长沙和南昌中心城市的产业园为主要辐射极，向周边区域扩散，做大做强各个中心城市的先导产业和支柱产业，促进不同企业竞争优势的形成，从而为区域竞争优势的形成奠定基础。同时，为了缩小城乡经济差异，实现长江中游城市群内经济融合发展，引导和发展与各个地方环境相适应的产业集群，需要采取多种产业集群发展模式，从而吸引投资者和企业家对周边城市产业的关注，如发挥武汉、长沙等中心城市的教育和人才优势，通过大专院校和科研机构吸引众多民营企业参与建立高新技术产业集群。

长江中游城市群这个产业集群一旦形成，将产生非常大的吸引力和辐射效应。区域竞争优势所形成的巨大辐射效应将吸引政府、投资者及产业集群外相关企业的目光，促进政府加大对产业集群内相关基础设施的建设，同时会使国内外投资者纷纷进入产业集群内投资建设新企业。湘鄂赣三省居前十位的千亿产业见表12-1。

表12-1　　**湘鄂赣三省居前十位的千亿产业**

省份	千亿产业
湖北	食品、石化、汽车、机械、电子信息、钢铁、纺织、建材、电力、生物医药
湖南	机械、轻工、食品、电子信息、石化、有色、冶金、建材、电力、汽车
江西	有色、石化、食品、钢铁、纺织、建材、医药、电子信息、汽车、电力

《长江中游城市群发展规划》将湖北、湖南、江西三省紧密相连，将武汉城市圈、环长株潭城市群、环鄱阳湖城市群作为一个共同体进行产业分工与协作，通过市长论坛、经济贸易洽谈会及产业协会等协商平台，依据各城市自身的资源禀赋和产业优势，统一规划城市群内部的产业布局，促进优势产业集群发展，减少产业结构趋同的情况，打造统一的长江中游城市群崭新名片。依托产业优势和竞争优势，建立长江中游城市群产业协同机制，共同打造“一带

一路”产业腹地，构建现代制造业集聚区，进一步推进现代农业基地建设，科学合理承接跨区域产业转移，加快产业转型升级，建立起各具经济特色的现代化产业体系。例如，在交通运输设备制造业中，《长江中游城市群发展规划》提出要发挥长江黄金水道的优势，重点推动武汉、宜昌、岳阳、益阳、九江、南昌等地市船舶制造业的发展，提高船舶工业装备和制造水平。在产业合作上，将推进产业融合发展，在跨省域兼并重组、壮大龙头企业、扩大相互投资等方面加强协作与配套，建立以产业链为基础的对接机制，提升区域产业整体竞争力。

二、加强长江中游城市群的产业融合

区域整体竞争力归根到底在于产业的竞争力，而产业竞争力的关键在于产业区域特色优势的形成。长江中游城市群区域内各地应从自身的比较优势和核心竞争力出发，优劣互补，强强联合。武汉城市圈已经确立光电子信息产业、汽车钢材制造、生物工程与新医药行业等五大主导产业，可以带动环长株潭城市群、环鄱阳湖城市群内相同产业的共同发展。湖南长沙、株洲等地机械和交通设备制造业颇具优势，可以联合和重组湖北、江西两省的相关企业，更进一步做大做强。江西的飞机、机械、石化等制造业在全国有一定地位，可以辐射周边。要充分利用长江中游地区的制造业存量资源，加强区域协作和联合。如江西汽车工业，可考虑与武汉的汽车产业形成战略联盟，实现融合发展；再如石化工业，武汉石化、荆门石化、长岭炼化、巴陵石化、九江石化、昌九化工，可开展分工合作，错位竞争，各得其所。湖北和湖南的烟草行业也可以尝试强强联合，共同应对市场竞争。

三、联手推进粮食主产区建设和现代农业发展

农业是长江中游地区的基础，三省都是农业大省，都是全国重要的粮食主产区，一直以来在稳定全国粮食生产、保障国家粮食安全中发挥着举足轻重的作用。在推进长江中游城市群建设的过程中，要切实保护好耕地和基本农田，高度重视粮食生产，同步推进农业现代化建设，确保工业化和城镇化的加快推进不以牺牲农业和粮食为代价，为保障国家粮食安全作出新的贡献。针对国家粮食供需结构中水稻供应偏紧的状况，长江中游城市群要加大农田水利基础设施投入，尽快提升粮食生产保障能力。以加强粮食生产基地建设为重点，加强粮食生产重大工程建设的合作。联合向国家申请启动实施“长江中游地区中低产田改造和粮食增产工程”，依靠科技进步和中低产田改造，确保粮食增产

和农民增收。积极发展现代农业，加快农业结构调整，大力推进农业产业化经营，加强农村基础设施共建，提高农业综合生产能力。①

四、构建长江中游城市群产业一体化协同机制

建立利益协调机制。城市群协同发展的前提条件就是利益协调，在区域经济一体化发展的过程中，产业的分工合作和利益协调机制问题在长江中游城市群中显得比较明显。因为长江中游城市群的统一发展受到了地方政府所引起的市场分割和竞争行为的不利影响，所以要建立相应的区域利益共享、补贴及协同机制。如果长江中游城市群内每个城市都能够在产业部门及空间分工的基础上整合成为一个整体，依据自己所处的产业链阶段去获取应得的利益，则有助于实现长江中游城市群的协同利益最大化。

建立共同协商沟通机制。首先要建立长江中游城市群经常性联系机制，促进信息资源共享，召开经济贸易洽谈会，举行项目推广发布会，树立“长江中游城市群”品牌，引进国内外的人才、先进技术以及资金，为地区间的经济合作创造条件。推动环长株潭城市群与武汉城市圈建设“创意产业园”、环长株潭城市群与环鄱阳湖城市群建设开放合作试验区等各种形式的跨区域产业合作。充分发挥各产业协会、商会的重要连接作用，构建产业引进、转移、创新平台等。创建湖北、湖南、江西常规性交流互动的高层次平台，加强武汉、长沙、南昌之间、环洞庭湖与环鄱阳湖地区间及“两型社会”试验区间的多层次沟通协调，在此基础上推进三省就发展“两型”产业、承接产业转移、统一开放市场、科技成果转化等重大问题签订战略合作协议。

建立产业合作机制。利益共享要凭借相互合作的产业体系实现，因此要建立有助于长江中游城市群产业体系发展的市场经济新秩序，以长江中游城市群为依托，以产业结构和产业布局为关键，以共享信息资源为主轴，延长长江中游城市群产业发展链条，发挥城市群内各城市的资源优势、区位优势，促进长江中游城市群产业合理布局并建立产业联动机制，通过产业分工协作达到科学发展，实现长江中游城市群产业一体化。此外，建立长江中游城市群省会、地市、县域之间的合作办事机构，配置相应的人员和经费，保证合作机制有效运行，推动区域合作不断深化。对于达成的合作共识、做出的合作决定要抓紧落实，要通过有诚意的合作，促进区域间的合作向更深层次推进，从而不断取得

① 秦尊文．从国家战略层面研究长江中游城市集群建设［J］．湖北社会科学院，2012（7）：45-47.

新的成果。

建立统筹合作新平台，促进区域协同发展。长江中游城市群积极参与长江经济带与“一带一路”建设是实现区域产业一体化发展和支持国家战略政策的正确选择，但是缺少一个较高层次的合作平台，从而无法形成有效的产业整合和共同发展。将武汉城市圈、环长株潭城市群、环鄱阳湖城市群建设融入长江经济带与“一带一路”建设中，使得长江中游城市群的合作有了正式的合作平台，可以从国家战略实施的角度出发，利用国家级的合作平台统筹协调武汉城市圈、环长株潭城市群、环鄱阳湖城市群间的一些利益冲突，实现武汉城市圈、环长株潭城市群、环鄱阳湖城市群的共同发展。

第三节　深化市场一体化发展

共同培育和发展长江中游城市群统一、开放、有序的市场体系，消除行政壁垒和市场障碍，促进各种资源和要素的优化组合，是实现长江中游城市群区域经济一体化的重要内容。

一、破除行政壁垒，推动长江中游城市群形成共同市场

营造无差异的政策环境。政府应当整合湘鄂赣三省的城市发展政策，加强行政协调磋商，完善三省的共同市场。比如，三省在招商引资、外贸出口、土地批租、人才流动、信息共享和技术开发等方面要联手制定统一政策，努力创造一种无差异的政策环境，并将市场壁垒彻底清除，使三省企业在参与市场竞争中，享有公正、公平、公开的政策环境；构建共同的商贸物流市场、科技教育市场和劳动力市场，在更大范围内优化资源配置和劳动分工，使各地的比较优势得以发挥，从而提升长江中游城市群经济的整体实力和竞争优势。

破除制约市场一体化的行政壁垒。在推进长江中游城市群区域经济一体化发展中，应以市场为导向，减少不必要的行政干预。在资源配置中，市场应该在产品定价、产品转移、劳动力流动和资金流向等方面发挥基础性的作用。随着区域经济一体化的发展，湘鄂赣三省区域须跟进区域经济一体化的步伐，使各生产要素形成统一市场。虽然市场发挥基础性的作用，但也要尽力避免市场的缺陷。为了弥补市场失灵的缺陷，政府需要发挥其强有力的宏观调控功能，保障区域内生产要素有效配置，以“有形的手”牵引“无形的手”，共同为市场创造健康的环境。

二、加快生产要素市场一体化的构建

目前，长江中游城市群要素的市场化程度不高，各种生产要素的自由流动往往受到限制，因此，湘鄂赣三省应打破阻碍，优化生产要素的配置，为推动市场一体化创造有利条件。应当坚持市场为导向的原则，打破行政区域壁垒的限制，真正让企业作为市场主体，使企业能够自主决策。例如，可以通过建立跨区域的服务平台，以研发中心、孵化器等科技成果转化基地为服务载体，实现科技资源共享。鼓励资本流动与人才流动，废除限制长江中游城市群区域内城市之间要素流动的政策，搭建合作平台，武汉、长沙、南昌等地可以在其他城市建立人才服务中心，联合培养人才，形成良性互动，实现城市群内人才共享，增强要素活力。

三、转变发展理念，促进多领域开放与合作

长江中游城市群市场一体化的发展中，应该意识到“合作共赢”的重要性，摆脱“囚徒困境”的局限，打破“一亩三分地”的思维定式，建立区域市场开放机制，进一步扩大开放力度，为外来企业和本地企业创造公平的竞争环境。同时，加强多领域的经济合作与交流，在资源供给、物流等方面，使城市之间形成良性互动、产业互补关系，促进形成共赢的局面，实现商品与生产要素在市场上的自由流动。

第四节　巩固城乡一体化发展

城乡一体化是指城市与乡村两个不同特质的经济社会单元和人类聚落空间，在一个相互依存的区域范围内谋求融合发展、协调共生的过程。城市和乡村是一个整体，人口、信息、资金和物资等要素在城乡之间自由流动。长江中游城市群城乡建设的一体化就是要在城乡建设中加强城乡要素自由流动，缩小城乡差距。

一、推进空间布局和城镇一体化

（一）构建“一心三核五轴多点”布局

所谓“一心”，就是“中国绿心”（见图 12-1）。在长江中游城市群三省结合部，有一条幕阜山脉，为咸宁、岳阳、九江共有，形成了一个天然的

“绿色心脏”地带。长江中游城市群的汉长昌高速公路和汉长昌铁路环线以内，主要分布的是山地，而在环线外侧分布的是两湖（洞庭湖和鄱阳湖），其间还分布有梁子湖、洪湖等众多中小湖泊和湿地，中央区域为连接湘鄂赣的幕阜山及湘赣边界的罗霄山北段（九岭山、武功山），形成了一个天然的“绿色心脏”地带，它构成了长江中游城市群的“绿心”。

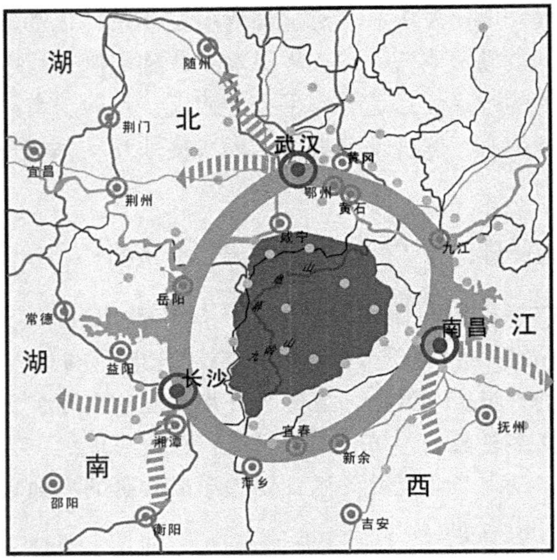

图 12-1　长江中游城市群“中国绿心”区位图

所谓“三核”，就是三个省会城市——武汉、长沙、南昌。

所谓“五轴”，就是《长江中游城市群发展规划》中的“两横三纵”五条发展联动轴。“两横”，即长江黄金水道、沪昆高铁通道；“三纵”，分别是京广、京九、二广三条发展轴。其中二广发展轴，就是要依托二广高速、焦柳铁路及蒙华铁路等纵向交通干线，建立以襄阳、荆门、宜昌、荆州、常德、益阳、娄底等城市为节点的新轴线，意在加强相对薄弱的长江中游城市群西部地区的发展。

所谓“多点”，就是通过加强“两横三纵”五条轴线的联动功能，使长江中游城市群形成多个大中城市共同支撑的空间结构（见图 12-2）。

（二）提升省会城市带动功能

2014 年 9 月发布的《国务院关于依托黄金水道推动长江经济带发展的指

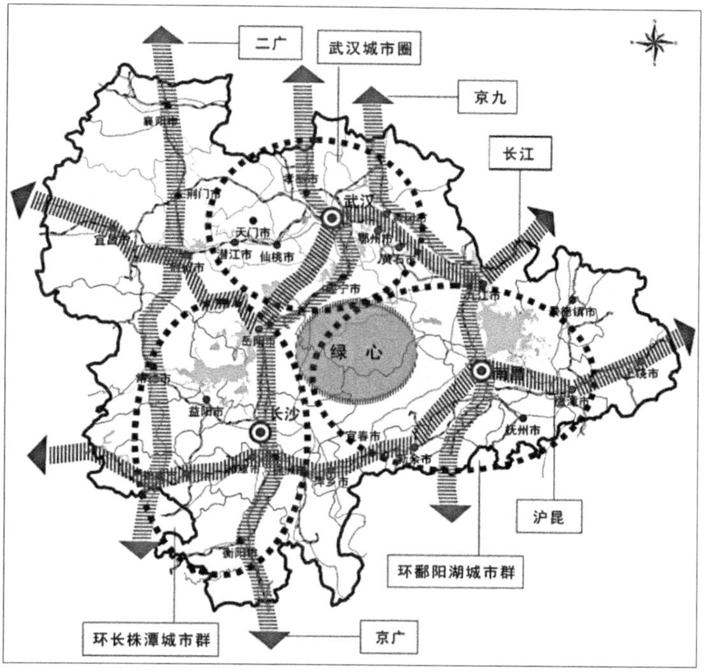

图 12-2　长江中游城市群空间结构

导意见》（国发［2014］39 号），明确要求“增强武汉、长沙、南昌中心城市功能，促进三大城市组团之间的资源优势互补、产业分工协作、城市互动合作”。这三大城市组团，实际上就是武汉城市圈、环长株潭城市群、环鄱阳湖城市群。而这三大组团嵌套在长江中游城市群之中，各自形成了以武汉、长沙和南昌为核心的空间发展格局。在建设长江中游城市群过程中，要实施“抓大不放小”的策略，既强力推进武汉城市圈、环长株潭城市群、环鄱阳湖城市群“三圈融合”，又保持“三圈”的相对独立，深入实施三省各自的城市圈战略，将国家的长江中游城市群战略与各省的城市圈（群）战略紧密结合，使空间开发一体化真正落到实处。

在长江中游城市群一体化建设中，武汉、长沙、南昌不是一般的参与者，而是要起到推动者和“发动机”的积极作用，强化省会城市自主创新引领功能、对外开放带动功能，在更高层次上为区域合作和区域发展提供支撑。

武汉要推动东湖国家自主创新示范区与城市群内的企业、高校和科研机构合作，建设国家级重点实验室、工程技术研发中心、新兴产业工业研究院和企业技术中心，发挥自主创新示范区的引领作用，促进长江中游城市群产业结构优化升级。进一步推动东湖国家自主创新试验区在城市群建立“园外园”，加强交流合作，促进知识、技术和人才的双向流动。充分发挥武汉新港、东西湖保税物流中心、东湖综合保税区的功能，发挥在武汉的外资银行、跨国公司区域性总部的平台作用，服务长江中游城市群及周边地区的对外开放和经济发展。

长沙要依托现有国家级开发区和产业基地，提升开放型经济发展水平，充分发挥湘江新区的示范作用，促进产业高端化发展，增强产业集聚能力，强化科技教育、文化创意、商贸物流等功能，率先建成资源节约型、环境友好型城市，率先实现全面小康；加快推动与株洲、湘潭的一体化发展，带动岳阳、常德、益阳、衡阳、娄底等城市发展，辐射洞庭湖生态经济区、湘南承接转移示范区和“大湘西”等区域。

南昌要加快昌九新区创建步伐，深入推进（南）昌九（江）景（德镇）一体化，辐射带动环鄱阳湖城市群发展。推进（南）昌抚（州）一体化建设，加大与新余、宜春、萍乡的联系力度，带动赣西地区发展。支持信江河谷城镇群建设，带动上饶地区发展。加强与赣州的对接联动，促进赣南等原中央苏区发展。通过南昌向周边的辐射，带动全省特别是南部地区城镇化水平的提升。

（三）注重毗邻地区联动发展

将岳阳、九江、咸宁作为三省合作的门户，加强三市之间的全面合作，共同打造“小三角”，并加强与省会城市的联系，最终实现中心城市、边界城市、特色城市协调发展。加快“小三角”的核心三角“通平修试验区”建设，推进咸宁通城县、岳阳平江县、江西修水县深度合作。

促进荆州与岳阳、常德、益阳合作，共同推进洞庭湖生态经济区建设，巩固提升在保障国家粮食安全中的重要地位，共建绿色生态产业体系和立体交通网络，加强水域生态修复，解决突出民生问题，建设更加秀美富饶的大湖经济区。

推进黄冈、黄石、九江基础设施和产业园区共建，开展公共服务和社会管理创新试点，积极探索跨江、跨省合作新模式，拓展发展空间，以推动黄梅小池融入九江发展为突破口，促进城乡统筹和跨区域融合发展。两省要以黄冈小池为载体，积极推动两地建立产业转移合作机制，推动产业链对接和产业集群发展；大力发展“飞地经济”，协调规划建设小池滨江新区九江江北工业园；协调消除两地市场壁垒，构建开放、有序的区域性大市场。

二、推动区域城乡市场对接

（一）与大城市郊区的市场对接

当前，大城市人口膨胀、资金集聚，毗邻区周边城市及乡村发展相对滞后，城乡二元结构仍然突出。要统筹毗邻区城乡交通、通信等区域性基础设施规划和建设，密切城乡市场关联与协同，不断完善城乡市场结构层次，增强大城市市场辐射能力，进一步覆盖对接中小城市和乡村市场体系。重点推进大城市大型市场、毗邻区中小城市的专业市场、镇村的农贸集市的共享合作，打通城乡市场系统"肠梗阻"，使其由分散的市场升级为一体化、网络化市场。一是推进流通市场对接。积极引进大城市大型商业集团进入毗邻区周边城市发展区域商贸中心、连锁经营，配套建设物流配送中心，促进大城市毗邻区城乡商贸流通业加快发展。积极引导毗邻区农村出产的特色农副产品和工业企业生产的日常消费品进入大城市大型商贸集团的连锁经营网络，拓展产品市场。二是推进金融市场对接。积极引进入驻大城市的国内外大型金融机构，创业投资、风险投资、股权投资等投资机构在毗邻区中小城市设立分支机构，完善毗邻区中小城市金融市场体系。充分利用大城市的主板、中小板、创业板、新三板、场外市场全面覆盖的优势，拓宽毗邻区中小城市企业融资渠道，降低融资成本。三是推进人才市场对接。推进大城市和毗邻区人才网、重点企业招聘信息、人才数据库信息资源共享。借助大城市人才市场、人才交流中介服务平台，为毗邻区企业代理招聘急需紧缺人才或提供"直通车"服务。

（二）区域内城乡市场对接

破除区域分割和地区保护，增强城乡市场协作，实现区域内城乡产品市场的对接。一是进一步完善区域内城乡市场体系。进一步优化布局，建设一批设施先进、功能完善的农产品二级批发市场，完善集贸市场、连锁超市等。规范引导物流快递、生活超市等，进一步推进连锁零售企业城乡覆盖。鼓励大中型商贸流通企业到农村发展综合性服务网点，建设和改造农资农家店。如鄂州大力推进超市下农村，成功引进武汉中百和武汉中商等大型超市到农村设直营店和加盟店，实现了城乡市场对接和一体化。二是打造电子商务综合服务平台。高起点建设信息化平台或引进大型电商企业，建设城乡全覆盖的信息网络。要发挥电子商务突破市场壁垒的颠覆作用，就要大力发展电子商务平台，促进市场商品流通效率提升。如鄂州葛店引进唯品会、亚马逊、苏宁易购、普洛斯等电商企业落户，极大提升了华中区域商品流通的效率，城乡市场一体化提速，同时加速实现了产城融合，助推鄂州依靠钢铁、建材等传统产业向战略性新兴产业转型升级。三是进一步优化乡村市场体系。优化农村零售网点布局，协同发展农产品、消费品和农业生产资料市场，构建相互融合、布局合理、组织化程度高的城乡市场体系。统筹发展农村电子商务，完善监管服务体系。

（三）推进城乡结合网络化建设

杨云彦等（2016）提出："应实施发展大城市的城镇化战略，可以通过中心城市的辐射作用带动腹地中小城市发展。"① 通过现代化综合交通体系和信息服务系统，构建大城市毗邻区城市群，实现区域均衡发展。推进大中小城市网络化建设，当务之急就是要大力推动以大城市为龙头的城市群建设，发挥大城市辐射作用。一方面，发展城市群可以妥善解决大城市、中小城市、小城镇、乡村合理布局和融合的问题，加快实现城镇化和农业现代化，实现生态发展、集约发展。另一方面，城市群的建设可以有效避免当前我国城市化存在的一大困境，即特大城市人口"留不下"和中小城市、乡镇"空心化"的矛盾。城市群的大规模发展将推进区域经济一体化，凸显同城效应。应着力推进城市群高质量发展，推进大中小城市网络化建设尤其是大城市毗邻区城市网络化建设。大城市毗邻区可结合产业空间布局优化和产城融合，循序渐进发展"市郊镇""园中镇"等不同类型特色小镇。如"武汉 D+M 小镇"。依托大城市周边的重点镇培育发展卫星城，依托有特色资源的重点镇培育发展"金融小镇""生态小镇""设计小镇"等专业特色小城镇。如武汉城市圈内的咸宁贺胜桥金融小镇和鄂州蒲团乡生态小镇等。

三、激活乡村发展内生动力②

（一）加大农村地区固定资产投资

充分与毗邻大城市共享基础设施的同时，重视提高乡村基本公共服务水平。持续加大对农村地区固定资产投资，有效促进农村集体经济的发展，改善

---

① 杨云彦，朱明宝．城市规模与农民工的城市融入——基于全国 248 个地级及以上城市的经验研究［J］．经济学动态，2016（4）：49-58.

② 胡志林．大城市毗邻区城乡经济一体化发展研究［D］．武汉：中南财经政法大学博士学位论文，2018.

农村村容村貌和基础设施条件，以此促进城乡经济一体化的发展。探索新型的“村社一体”的“塘约道路”，振兴低收入乡村集体经济。建立各类技术开发项目与乡镇、村的对接机制，推动二、三产业转型升级。加快建立城乡融合发展综合指标体系、城乡要素合理性流动标准体系，提升城乡要素流动水平和效益，实现城乡基础设施一体化、城乡基本公共服务均等化。推动城乡基础设施统一规划布局，实现农村基础设施提档升级。加快农村交通建设，打通中心城区与乡、村之间的交通节点。加快乡村电网升级改造。继续实施农村饮用水安全工程和改水改厕工程。大力推进农村危房改造，全面消灭土坯房，完成国有林场危旧房改造任务。加强农村垃圾收集处理体系建设，实现城乡一体垃圾污水收集处理全覆盖。加大集镇天然气管网建设力度，实现集镇天然气全覆盖。推进农村沼气建设、塘堰建设和小型农田水利建设。实施“数字乡村”工程，实现光纤行政村全通达，促使农村用户宽带接入网速进一步提升。

（二）提高农村人口家庭经营性收入

大力推进现代化农业，促进农业生产效率的提高，大力发展农业生产要素市场，保障农业生产要素自由充分流动，实现农业高效集约发展，可持续性带动农民增收。同时，应发展一批龙头企业，通过形成“企业—基地—农户”合作方式，打造区域农产品加工产业链，实现农业规模化产业化经营，推动农业由单一种养型向种养型、加工型、观光型相结合转变，促进一、二、三产业融合发展，实现农民就近就业，增加农民收入。如在大城市毗邻区大力发展食品加工业，向上和向下延伸产业链条，在农产品产业细分领域创造附加值，使农民不仅能实现就近就业，还能分享附加值，实现家庭收入增加。建设都市农业示范区、农业产业园和观光农业园，采取资金入股、土地入股、设备入股、科技入股等多种形式发展股份合作组织，搞活农业生产经营，建成一批集科研场所、实习基地、种苗培育、展览展示、观光旅游、休闲度假为一体的观光农业园，通过农业生产技术创新，提升农产品核心竞争力，最终实现农民增收。在生态资源丰富的乡村重点发展旅游业，规划建设符合生态和文化的建筑、景点，让绿色生态资源产生经济效益，打造产业新村、产业庄园，发展创意农业，把田园综合体打造成大城市毗邻区旅游景点，增加农民收入，推进乡村经济社会发展。重点发展生态农业，引进城市资本激活农村生产要素，构建现代农业产业体系，推进城乡产业融合发展。如重点发展乡村旅游业，可以就近有效吸引毗邻区周边城市旅游消费，加强城市和乡村产业融合，加快农村第三产业发展，将乡村打造成大城市的后花园、大城市毗邻区旅游观光区和城市居民退休养老区，将农村建设成为安居乐业的美丽家园。充分发挥政府作用，加强必要的旅游服务辅导，配建环保处理设施，积极宣传挖掘文化旅游资源，吸引毗邻区周边城市游客，一方面保护自然生态环境，另一方面实现乡村经济可持续高质量发展。

（三）增加农村财产性收入

农民财产性收入是农民家庭收入的重要组成部分。近年来，全面深化改革不断推进，农民所承包的土地、宅基地等拥有用益物权，相关的制度在持续完善，这些为农民增加家庭财产性收入创造了重要条件。第一，确保农民土地带来更多收益。在深入推进农业供给侧结构性改革作为中国特色社会主义阶段农业农村工作的主线背景下，继续落实完善宅基地的集体所有权，维护农户依法取得的宅基地占有和使用权，实行农村集体组织以租赁、合作等盘活闲置农村房屋及宅基地，实现农民财产性收入增加。推广农民“带地入股、保底分红”等土地流转经营模式，进一步放活土地经营权。应加快推进宅基地和集体土地所有权的确权，制定完善多占宅基地和闲置空地的清理制度，推进宅基地复垦，积极进行集体建设用地调整，探索土地间接交易，以调整后新的集体建设用地进入交易平台，在土地指标跨区域方面进行有益探索，实现农村土地资产在更大范围内有效流转。第二，实现农村集体资产的增值。拓宽农村集体资产投资渠道，确保农村集体资产保值增值，逐步提升农村集体资产收益在农民财产性收益中的比重，让更多农民共享改革成果。第三，加强农民金融理财培训。一般来说，乡村金融知识普及率低，涉农行业盈利能力较弱，农民自有资金投资渠道狭窄，农民储蓄带来的资金收益较少，因此应积极促进农民理财意识普及，提升乡村居民理财能力，增加其资金收益。

（四）为农民增收提供全方位服务

一是支持农民“双创”。大力鼓励农民兴办农家乐餐饮服务、文化休闲等产业，政府应加大支持力度，可提供低息或贴息的小额贷款。支持大城市毗邻区近郊农民发展都市农业、观光农业、养老产业，利用乡村山水特色，打造特色旅游。二是完善农民就业服务体系。加大就业培训投入，从政策、媒体导向等方面鼓励人们投身乡村振兴，建设一支乡土式、工匠式队伍，提升乡村公益服务人员综合素质和服务能力，大力培育新型职业农民和现代化农民，使之成为乡村振兴的主体。加强城乡就业信息共享服务和职业推介。三是吸引城市人才投身乡村振兴。将双创、智创、文创、农创等引入乡村，创新机制吸纳优秀人才，汇聚优秀人才，尤其是乡村经济发展中的产业人才支持乡村建设；大力建设农业科技园区、示范园区、产业园，以科技创新推动农业质量、效率和动力变革。落实农村创新创业各项政策措施，促进城乡人才互动，畅通各类人才返乡下乡之路。四是引导城乡资源合理配置。充分发挥市场的决定性作用，统筹安排城乡各种要素资源，合理配置城乡间要素资源，全面优化一二三产业布局，引导相关产业集约发展，创造更多就业需求，实现农民就地就近就业，促进农民增收。开发共享农庄、共享果园、共享民宿等，城乡共享信息、渠道和营销等资源。扩大社会保障覆盖面，将与企业建立稳定劳动关系的农村进城务工人员纳入城镇职工基本养老体系，落实社会保险关系转移接续政策。

四、打通城乡要素流通通道

（一）推进农村土地制度改革

首先，支持集体经营性建设用地入市。通过制定负面清单、完善产权制度等充分发挥市场在资源配置中的决定性作用，建议农村大量闲置的建设用地通过“增减挂钩”后直接配置到毗邻特大城市。深化推进城乡土地制度改革，大力推进农民私有和集体所有的房产办理相关财产证明，允许抵押，完全按照市场化原则，支持农村经营性建设用地入市，允许农村宅基地以及建筑物交易流转。探索推广农民“带地入股、保底分红”等土地流转经营模式，进一步放活土地经营权。

其次，加快农村土地征收改革。经营性和公益性建设用地严格区分，经营性用地严格落实同地同权。当前政府征收补偿较低，农民土地的征收补偿标准应与当地商品房价格挂钩，土地流转增值收益应由农村集体和农户共同享受，通过土地流转让广大农户得到相应的财产性收入。

最后，推进宅基地制度改革。应稳步有序推进农村社区化，尊重农民意愿，在各规定的村庄范围之内实行“迁村并居腾地”，不断实行农村社区化。落实好农村集体产权制度改革，保障落户城市的农民土地承包权、宅基地使用权、集体收益分配权，保障农民集体财产股份占有、收益、有偿退出权利。

（二）加快城乡金融制度变革

实施乡村振兴战略，金融尤其是农村金融应当发挥更加重要的作用。中国城乡二元结构和地区之间不平衡，产生了不符合现代经济发展规律的城乡二元金融体系，无法满足当前日益活跃的农村金融服务需求。目前，农村金融网络仍不健全、体系较为脆弱，城市金融体系完整、覆盖面广；城市尤其是大城市经济发展迅猛，城市投资盈利机会和能力远远大于乡村，资本逐利性使得农村富余资金不断向城市流动聚集，也就造成了农村资金短缺，这样使农村经济社会发展信贷资金支撑不足；同时城市资金充裕，使得乡村金融支撑经济发展更加乏力，城乡经济发展不平衡和差距不断加大，这也成为制约城乡经济一体化的重要因素。因此，要加快金融制度改革，就必须针对乡村金融发展滞后这一薄弱环节，发展和完善农村金融体系，发挥金融支撑作用，推动农村经济快速发展，加快城乡经济一体化发展步伐。

一是金融机构向基层延伸。加大乡镇及以下金融网点的布设力度，不断增设或升级改造营业网点；鼓励证券机构、金融租赁机构、融资公司等非银行的金融机构在基层广泛开设网点，农行、农信社、邮政银行等金融机构要增加现代农业建设的信贷资金投入。建立健全担保基金和互保、联保制度，发展完善农村小额信贷组织。不断创新金融产品，规范引导发展互联网金融，拓展资金来源，适度发展农村合作金融。探索拓展农村信用卡业务，解决农民短期资金周转需求。建立农民信用体系，将农民就业生活等行为纳入信用体系，为农民贷款申请和发放提供可靠的依据，进而降低门槛并提高授信额度。

二是鼓励开办农村社区银行。长期以来，普通行政村一级的银行机构网点很少或基本处于空白状态，村民办理金融支付业务交通不便、时间成本高，乡村支付结算需求受到抑制。可将公益性小额信贷机构、经营发展好的贷款公司整合升级为社区银行。鼓励和支持发展适合农村需求特点的资金互助社、小额贷款公司等农村金融机构。鼓励民间资本投资设立社区银行。积极推进农村“五权”抵押融资，探索设立生态银行，开展能效贷款、绿色金融租赁、碳金融等业务。

三是加快发展农村移动支付。当前，我国大力推进金融包容性增长，农村电子支付体系进一步完善，移动支付覆盖面逐步扩大，农村现代化金融服务加快发展。要进一步鼓励移动支付机构在农村积极开拓市场，拓展涉农行业移动支付，在都市农业、休闲旅游等项目中发挥移动支付的作用。

四是进一步完善农村保险体系。不断完善对农业的财政补贴，使用财政转移支付、生态保险补偿金，以资金补偿和实物补偿相结合的方式，带动龙头企业、专业合作社、种养生产者参与生态农业建设。鼓励支持涉农保险公司及互助保险机构延伸到乡村，丰富农业保险供给。探索新型农村保险市场机制，加强公益性和商业性保险融合，进一步拓展涉农保险覆盖面，加快发展政策性

"三农"保险。

（三）加快城乡公共品供给体系改革

加快城乡公共品供给体系改革，实现城乡公共服务一体化，是实现城乡经济一体化发展的助推器。城乡公共服务一体化的目的就是推进城乡公共服务均等化。要加强就业、就医、教育、文化、社会保障等公共服务资源共建共享合作、互联互通互认，重点加强统筹调节，探索建立区域横向财政转移支付机制，逐步缩小区域间基本公共服务差距；逐步实现区域间基本公共服务待遇互认、基本医疗保险关系无障碍转移接续、社会保障卡和公交卡等"一卡通"区域内通用等。一是城乡财政一体化。提高农村地区公共财政支出占比，促进城乡基本公共服务均等化。加大涉农公共财政政策实施力度。二是城乡教育一体化。科学布局农村教育资源，促进城乡公共教育服务体系均衡发展。建立城乡师资配置新机制，建设一支适应城乡普通中小学和学前教育发展需要的教师队伍。加快发展农村中等职业教育，按需培养乡村发展需要的各类人才。大力发展职业教育，提升就业率，减少转型升级中的结构性和摩擦性失业。三是城乡医疗一体化。实施城乡医疗对接帮扶。实现医疗资源在城乡间合理配置，实行大城市医院对口扶持基层卫生院。改善农业转移人口基本医疗卫生服务。将农村进城务工人员及其随迁家属纳入城市社区卫生服务体系。

第五节　加快基本公共服务一体化发展

基本公共服务一体化是指公民所享受到的基本公共服务能够突破行政区划的界限，逐步实现对接共享并最终达到同一标准的过程和状态。加快推动长江中游城市群基本公共服务一体化，是实现长江中游城市群区域经济一体化的客观要求。

一、加强立法与顶层设计促进公共服务制度对接

应当在中央政府的支持下，加强顶层设计，并且尽快制定长江中游公共服务一体化的规划与相关的法律法规，在允许存在制度差异的条件下，实现城市群内各种基本公共服务框架、内容和措施的相互对接，逐步减少制度障碍。首先，应当建立横向与纵向相结合的合理的财政转移支付制度，对各级政府提供的基本公共服务进行清晰的划分，做到权责分明，依照"事权决定财权"的原则，对区域之间的财政收支进行合理划分，实现合理的财政转移支付。其

次，应当建立长江中游城市群基本公共服务专项资金，强化财政资金的统筹力度，按照优化配置的需求，优先保障长江中游城市群中每个城市的社会特殊群体的生存权与发展权，努力实现“底线公平”。最后，应当成立基本公共服务一体化专门的领导小组，组织牵头各部门与责任单位制订专项工作的实施方案，实现长江中游城市群内基本公共服务的框架逐渐对接，积极协调中央与地方各部门建立互惠互利的合作机制，努力实现 1+1>2 的跨越式发展。在合作之前应当充分进行协商，明确各方利益，界定费用分摊原则。

二、完善政府间财政转移支付制度，促进各地方政府财力均衡

加快完善长江中游城市群纵向和横向转移支付制度，提升长江中游城市群各地区公共服务财政供给能力。从纵向来看，应合理划分不同行政级别政府之间的事权，根据财政与事权相对等的原则来实行财政转移；从横向来看，要按照财力均等的原则来确定对财力较紧地区地方政府的转移支付制度。通过完善政府间转移支付制度，推动各市的财政力量均衡发展，从而为实现基本公共服务一体化提供坚实的财力保障。

三、改善财政支付结构，提高对基本公共服务的支出水平

加快长江中游城市群公共财政从经济建设型向公共服务型转变，加大对基本公共服务的支出，优先解决民生问题。一是整合交通网络。加快建设长江中游城市群综合交通运输示范区，从发挥区域整体优势出发，大力推进航空、高速公路、铁路、水运整体联动的大交通体系一体化建设。二是实现就业信息共享。建设覆盖各城市的就业信息共享平台，打破区域间要素流动壁垒，从而实现就业信息及时、充分的传播，促进人才要素自由流动。三是提高欠发达地区教育和医疗卫生配置水平。加大对欠发达地区的财政投入，配置更多更高水平的师资力量、教学设施、医护人员和医疗设备，逐步缩小与发达地区的差距。

四、实施“整体性治理”模式

“整体性治理”是指公共服务机构为实现共同的目标而实行的跨部门协作，以及为解决某些特殊问题而组成的联合机构。一是设立长江中游城市群基本公共服务一体化领导小组，负责制定推进长江中游城市群基本公共服务一体化建设的方针政策，对跨行政区域的事务进行管理，协调本地区与中央、省的关系，调解长江中游城市群各市内部关系，监督地方政府间协议执行等。二是

建立长江中游城市群沟通协调机制与合作对话机制，加强内部沟通和协调。三是构建长江中游城市群政府间利益分享和补偿机制，平衡政府间不同的利益需求。四是建立科学合理的激励约束机制、管理监督机制，努力突破集体行动的困境。①

五、社会保障一体化

首先，在法律法规层面做好工作，制定与长江中游城市群社会保障现状相适应的区域性法规，建立立法利益补偿机制，尽可能减小可能出现的相关立法冲突。其次，提高统筹层次，建立区域性社会保险管理中心，实行社会保险个人账户模式，以实现区域内制度运行的统一和基金的统筹安排使用。最后，完善三省社会保险的转移接续机制，建立区域社保协调机制，统一规划、协调和实施与社会保障相关的法规及政策；对因劳动力流动所造成的养老、医疗方面的地方利益差别额度进行结算或调剂；加强社保信息系统建设，尽快建立统一的信息平台；加快推进“异地就医即时结算”“社保卡三地互通”等制度的实施。②

第六节　推动生态文明一体化发展

推进长江中游城市群生态文明一体化建设，共同加强对全区域生态系统的保护与修复，积极开展节能减排，发展循环经济，共同加强环境治理，建立统一的跨区域联动机制，形成人与自然和谐发展。

一、共同加强生态系统保护与修复

加强水资源保护。水资源是长江中游城市群最宝贵的资源，打好水资源牌，做好水资源的综合利用和保护，对全国的生态文明建设具有重要的意义。湘鄂赣三省要坚持保护优先和自然恢复为主，维护河湖的健康生态。加强长江、汉江、湘江、赣江和洞庭湖、鄱阳湖、东湖、洪湖等重点河湖的水生态治理和水环境保护，积极加大投入力度。加强水资源节约，强化取水总量控制和

---

① 王艳慧，王亚东．长江中游城市群基本公共服务一体化战略选择［J］．北方经济，2015（3）：52-54.

② 朱舒怡．长江中游城市群高等教育与社会保障一体化研究［J］．现代经济信息，2016（7）：437.

需水管理，建立水资源综合调配机制，严格控制地下水超采，建设节水型社会。①

加大植树造林的力度。植树造林是建设森林生态系统和维护生物多样性的基本手段。要加强天然林保护、积极实施退耕还林，全面推进以封山育林为重点的山区绿化，以农田水网为重点的平原绿化，以绿色通道为重点的沿路、沿河、沿湖绿化，以环城绿带为重点的城市绿化。具体来讲，要积极推进湖北华中林业生态屏障、三峡库区森林生态、沿江防护林、碳汇林业示范等重点工程建设。加强对湖南生态公益林和长江、湘江流域防护林的建设与管护，实施低效低质林改造，优化森林结构和林种质量。积极建设江西鄱阳湖区沿湖、沿河、沿路生态保护带。在滨湖控制开发带建设鄱阳湖防护林，在“五河”沿岸积极开展绿化带建设，大力实施交通沿线绿色通道工程，推进实施农田林网工程，合理布局城镇和产业密集区周边的开敞式绿色生态空间。要积极加强森林防火和病虫害防治，尤其是在长江中游城市群地区生态比较脆弱、水土流失比较严重的区域和森林公园等地区实行封山育林，加大封育保护力度。

保护生物多样性。加强长江新螺、天鹅洲白鳍豚国家级自然保护区、石首麋鹿、宜昌中华鲟等珍稀濒危野生动植物自然保护区、长江宜昌中华鲟省级自然保护区、三峡库区水生生物自然保护区、东洞庭湖国家级自然保护区、鄱阳湖鳜鱼、翘嘴红鲌等国家级水产种质资源保护区、鄱阳湖国家级自然保护区等国家级、省级自然保护区、森林公园的建设。加强珍稀濒危野生动物保护，建设长江中游城市群珍稀濒危野生动物救护与繁育中心，加强对云豹、金钱豹、金雕鸟、鹭鸟、尖吻蝮蛇、白鹤、江豚、鲥鱼等濒危物种保护，维护种群数量。对阳新七峰山银杏群、通山九宫山红豆杉、崇阳金沙银杏群等珍稀植物实施挂牌保护。加强候鸟保护，严厉打击非法捕猎、贩运、销售候鸟行为，加快完善候鸟疫病监测防治体系。实施鱼类资源保护工程，落实休渔措施。依法禁止对野生动植物进行滥捕、滥采，保持并恢复野生动植物物种和种群的平衡，健全生物多样性保护体系，提升重要生物资源管护能力。

积极保护湿地资源。实施长江中游城市群湿地生态恢复工程，恢复湿地功能。完善引水设施体系，实施水位和水文周期调节，恢复湿地植被；治理乱堵堰、乱栽树、乱排污，严禁一切破坏湿地的行为。实施小型湖泊、山塘、港汊、农田、溪流湿地保护工程，禁止非法侵占。加强人工湿地建设，提升国家

① 秦尊文，陈丽媛．推进长江中游城市群生态文明建设一体化［J］．理论月刊，2014（9）：5-9.

级、省级湿地公园建设管理水平。

二、合力推广资源能源节约集约利用

推动土地节约集约利用。长江中游城市群要按照国家政策，落实最严格的耕地保护制度和最严格的节约用地制度。加大耕地保护力度，从严控制各类建设占用耕地，实行耕地先补后占。发展农村集中型住宅，探索集体所有建设用地使用权流转，提高农村建设用地利用效率。统筹安排各类建设用地，合理确定新增建设用地规模、结构、时序，盘活存量建设用地，鼓励深度开发利用地上地下空间。积极发展城市节地型住宅和公共建筑，推进城市土地“二次开发”，提高城市土地集约化水平。按照“因地制宜、大胆创新、有序可控”的原则，支持推进城乡建设用地增减挂钩、低丘缓坡土地综合开发利用、工矿废弃地复垦利用、城镇低效用地再开发四项试点，扩展发展用地新空间。强化依法节约集约用地责任和考核。

严格控制能源消耗。全面推进长江中游城市群工业、交通、建筑、商用民用、农村和公共机构等重点领域的节能工作，实施再生能源建筑应用和绿色照明工程，开展百家企业节能低碳行动，启动黄石、株洲、南昌、九江、新余等一批工业城市的区域性热电联产工程。加强共性、关键和前沿节能降耗新技术、新工艺的引进、研发和应用，推进技术性节能。健全节能市场化机制，完善节能法规和标准，增强对企业的激励与约束。健全能源统计制度和节能计量统计体系，加快湖北国家城市能源计量中心、湖南国家节能计量中心的建立。推进南昌、武汉、景德镇等国家低碳城市试点建设，发展低碳技术，倡导低碳生活方式。

大力推广循环发展模式。传统经济通过把资源持续不断地变成废物来实现经济增长，引起自然资源的短缺与枯竭，产生了大量和严重的环境污染，造成对社会经济、人体健康的损害。而循环经济是以协调人与自然关系为准则，模拟自然生态系统运行方式和规律，实现资源的可持续利用，使社会生产从数量型的物质增长转变为质量型的服务增长；不仅如此，循环经济还能拉长生产链，推动环保产业和其他新型产业的发展，增加就业机会，促进社会发展。长江中游城市群要构建覆盖生产、流通、消费等各环节的资源循环利用体系，促进生产、流通、消费过程的减量化、再利用、资源化。要充分发挥荆门、萍乡国家循环经济试点城市的示范效应，支持武汉市东西湖工业园区、宜昌经济开发区、武汉市青山区、湖南株洲市清水塘工业区等国家级循环经济试点园区建设，加快黄石、潜江、钟祥、萍乡、景德镇国家资源枯竭型城市转型建设，鼓励重点城市、园区和企业在钢铁、石化、机械制造、农产品加工和造纸等产业以及再生资源回收利用体系、废旧家电回收利用、废旧金属再生利用、再制造等重点领域，以技术合作为突破口，积极开展跨区域的相关探索和合作，输出循环发展新模式。

三、携手加强环境治理

生态环境关系人民福祉，关乎子孙后代和民族未来。长江中游城市群环境治理要从源头抓起，搞好水、大气、工业、农业面源污染源防治。

水污染防治。加快实施长江中下游流域水污染防治规划。坚持“一湖一策”“以奖促防”和绩效管理，严格控制入河污染物排放总量，做到基本截污。建立点源达标排放的长效管理机制，强化跨省、市界断面水质达标管理，确保跨界水环境水质达标。加强流域污水处理厂、垃圾处理厂等基础设施建设。大力推进城镇污水处理厂建设，重点加快流域内县城所在中心镇污水处理设施建设。逐步提高污水处理的建设标准，加强对已建成污水处理设施的运行管理，提高脱氮除磷能力，确保出水水质达到规定的排放标准。

大气污染防治。以改善城市大气环境质量为中心，全面加强重点区域和重点行业大气污染防治。大力推进脱硫脱硝工程建设，防治机动车尾气污染，有效控制城市大气、噪声污染。实施城市清洁空气行动计划，加强对工业烟尘、粉尘、城市扬尘和有毒有害空气污染物排放的协同控制。建立健全城市群大气污染联防联控联治机制，实施多种污染物协同控制。严格城市空气质量管理，县级及以上城市空气质量未达到国家二级标准的要制订达标方案并实施。

工业及固体废物污染防治。统一长江中游城市群产业准入门槛，所有工业企业必须按照国家要求做到持证排污和达标排放。坚决淘汰工艺落后、污染严重、不能稳定达标排放的生产能力，污染排放不达标或对当地环境影响严重的企业必须实行“关停并转”，建立并实施污染排放强度大的工业企业退出机制。加强危险废物全过程管理，安全处置工业危险废物、医疗废物、电子垃圾等。强化城市污水处理厂和垃圾填埋场的环境监管，推进污水厂污泥、垃圾填埋场滤液的无害化处理处置。

农村面源污染防治。农村面源污染主要来自农村生产生活过程中产生的垃圾和污水（包括人畜粪便）、农药化肥残余物、城市垃圾向农村的转移、工业企业产生的污染等，它们已成为影响环境质量改善的重要污染源。要积极在长江中游城市群推广测土配方施肥技术，鼓励使用有机肥和农家肥；推广生物防治技术，鼓励使用高效低毒低残留农药，减少农药施用量；大力推广高效节水灌溉技术，提高农业水、肥、药的利用效率；合理布局畜禽水产禁养区和集中养殖区，推广畜禽排泄物收集与再利用模式，加大畜禽养殖场改造和大中型沼气工程建设，加强污水和粪便无害化处理，禁止未处理排放；加强水产养殖污染治理，推广生态健康养殖；大力推广秸秆综合利用技术，加强农膜、地膜回收利用，推广使用可降解材料。①

四、形成统一的生态文明体制机制

完善生态文明法律法规体系。生态文明建设中法律保障体系的完善，是实现生态文明这一目标的重要抓手和支撑。长江中游城市群所在的各个省都建立了相应的生态文明法规体系，要按照生态文明建设的要求，修订统一各省地方性法规、政府规章和规范性文件。重点在发展循环经济、实施清洁生产、资源保护开发利用和环境保护等方面出台配套的法规及标准。统一工业项目、建设项目环境准入和主要污染物排放标准。完善排污权交易制度，全面推行主要污染物排污权交易。加强碳排放交易体系建设，推进碳排放交易中心常态化运作。

探索统一流域生态补偿和生态支付制度。坚持“谁开发、谁保护，谁破坏、谁恢复，谁受益、谁补偿，谁污染、谁付费”的原则。明确生态补偿责任主体，确定生态补偿的对象、范围。确定稳固的生态环境补偿经费。建立跨区域生态补偿基金，开展下游地区对上游地区、开发地区对保护地区、生态受益地区对生态保护地区的生态补偿试点，逐步在饮用水水源地、自然保护区、重要生态功能区、矿产资源开发和流域水环境保护等方面实行生态补偿。加大中央财政对三峡库区、大别山区等重点生态功能区的均衡性转移支付力度。逐步提高国家级公益林生态效益补偿标准。制定有关生态补偿机制的法律法规和制度，规范资金征收、使用范围、计划下达、资金监管等。对资源型企业依照法律、行政法规有关规定提取用于环境保护、生态恢复等方面的专项资金，准予税前扣除。依托社会舆论的引导作用，提高公众环保参与意识，鼓励公众广泛参与、监督补偿机制的实施，以实现有效补偿机制的可持续性。②

---

① 胡志林．大城市毗邻区城乡一体化发展研究［D］．武汉：中南财经政法大学博士学位论文，2018.

② 付意成，阮本清，张春玲，王瑞年．生态补偿机制研究［J］．中国农村水利水电，2009（3）.

附录一　相关规划的总体思路与发展目标

《长江经济带发展规划（2015—2020年）》总体思路与发展目标

一、四大战略定位

《长江经济带发展规划纲要》提出长江经济带的四大战略定位：生态文明建设的先行示范带、引领全国转型发展的创新驱动带、具有全球影响力的内河经济带、东中西互动合作的协调发展带。

二、发展目标

纲要设立了两大战略目标：到2020年，生态环境明显改善，创新驱动取得重大进展，战略性新兴产业形成规模，培育形成一批世界级的企业和产业集群，基本建成以城市群为主体形态的城镇化战略格局；到2030年，水脉畅通、功能完备的长江全流域黄金水道全面建成，创新型现代产业体系全面建立，在全国经济社会发展中发挥更加重要的示范引领和战略支撑作用。

《长江中游城市群发展规划（2015—2020年）》总体思路与发展目标

一、指导思想

以邓小平理论、“三个代表”重要思想、科学发展观为指导，深入贯彻党的十八大和十八届二中、三中、四中全会精神，全面落实党中央、国务院关于依托黄金水道推动长江经济带发展的决策部署，加快实施新型城镇化战略、促进中部地区崛起战略和创新驱动发展战略，以全面深化改革为动力，推动完善开放合作、互利共赢、共建共享的一体化发展机制，走新型城镇化道路，着力推进城乡、产业、基础设施、生态文明、公共服务“五个协同发展”，积极探索科学发展、和谐发展、转型发展、合作发展新路径和新模式，努力将长江中游城市群建设成为长江经济带重要支撑、全国经济新增长极和具有一定国际影响的城市群。

二、基本原则

顺应规律，因势利导。遵循城镇化和城市群发展客观规律，统筹考虑资源和环境承载能力，坚持市场在资源配置中起决定性作用，促进资源要素高效流动和优化配置，更好地发挥政府引导和协调作用，打破行政壁垒，优化城镇空间格局，促进城市群健康有序发展。

优势互补，开放合作。发挥各地资源要素禀赋比较优势，促进特色化、差异化发展，积极探索重大项目、平台共建和利益共享机制，深化向东、向西开放，开展全方位、多层次、宽领域合作，打造内陆开放高地。

生态优先，永续发展。进一步强化不同区域的主体功能，建立国土空间开发保护制度，控制开发强度，加强开发管控，把生态文明理念全面融入城镇化进程，着力推进绿色发展、循环发展、低碳发展，走“两型”发展道路，形成可持续发展模式。创新驱动，转型升级。面向城市和区域转型发展需要，实施创新驱动发展战略，增强自主创新能力，打通从科技强到经济强、城市强、区域强的通道，探索城市创新驱动发展新模式，实现经济结构转型升级和经济发展提质增效。

统筹推进，重点突破。加强顶层设计，强化规划引领，全面推进城乡建设、基础设施、产业发展、生态文明和公共服务等对接合作，以重点领域和重点区域为突破口，不断深化改革，支持先行先试，探索具有中国特色、中部特点的新型城镇化道路。

三、战略定位

中国经济新增长极。加快转变经济发展方式，实施创新驱动发展战略，发展壮大先进制造业，提升现代服务业发展水平，积极培育战略性新兴产业，大力发展现代农业，把长江中游城市群建设成为具有全球影响的现代产业基地和全国重要创新基地，提升城市群综合实力和竞争力，打造长江经济带发展重要支撑，带动中西部地区加快发展，构建中国经济新的增长极。

中西部新型城镇化先行区。不断完善城市群融合发展的体制机制，推动城市群集约集聚发展，调整城镇行政区设置，优化城市空间形态和空间布局，提高城镇综合承载能力，促进城镇发展与产业支撑、转移就业和人口集聚相统一，建设与山脉水系相融合的宜居宜业城市，打造农业转移人口就近城镇化典范，促进城乡融合互动，推动建立城市群一体化发展模式。

内陆开放合作示范区。以长江黄金水道和重要交通通道为纽带，依托中心城市和产业基地，畅通内外联系，加强与长三角、珠三角、成渝等地区合作互动，构建统一开放的市场体系和高水平的对外开放平台，深化全球合作和国际交流，打造内陆地区全方位、多层次开放合作的先行示范区。

“两型”社会建设引领区。加快资源节约型与环境友好型社会建设，推动形成绿色低碳的生产生活方式和城市建设管理模式，建立跨区域生态建设和环境保护的联动机制，扩大绿色生态空间，打造具有重要影响力的生态型城市群，为全国“两型”社会和生态文明建设积累新经验、提供典型示范。

四、发展目标

2020 年，长江中游城市群整体经济实力明显增强，转变经济发展方式取得实质性进展；交通、能源、信息等基础设施全面对接联网，布局合理、特色鲜明、分工合作的产业发展格局初步形成；城镇体系更加完善，中心城市辐射带动能力明显增强，城乡统筹发展和城乡一体化发展格局基本形成；市场一体化建设取得重大进展，开放型经济向更广领域和更高层次迈进；流域生态环境保护取得积极成效，生态环境质量位居全国前列；基本公共服务体系一体化水平稳步提升，社会就业更加充分，人民生活水平不断提高。

到 2030 年，稳步走上科学发展道路，现代市场体系和城乡发展一体化体制机制更加完善，开放开发水平进一步提升，城乡、区域发展格局更加优化，经济社会持续健康发展，城乡生活和谐宜人，发展成为我国经济增长与转型升级的重要引擎和具有一定国际竞争力的现代化城市群。

附表 1-1　　**规划主要目标**

类别	指标	2014 年	2020 年
经济发展	人均地区生产总值（元）	49700	75000
	进出口总额（亿美元）	1020	1900
	三次产业结构	10.2：52.4：37.4	8：50：42
	研发经费占 GDP 比重（%）	1.6	2.5

续表

类别	指标	2014 年	2020 年
资源环境	人均城市建设用地（平方米）	<100	≤98
	单位地区生产总值能源消耗降低（%）	—	[21]
	单位工业增加值用水量降低（%）	—	[35]
	森林覆盖率（%）	44	47
	地级以上城市空气质量达标比例（%）	>75	>85
	水质优良比例（%）	—	>75
社会事业	城镇登记失业率（%）	<5	<4. 5
	城乡三项基本医疗保险参保率（%）	95	≥99
	城镇居民人均可支配收入（元）	25100	43000
	农村居民人均纯收入（元）	12000	22000
城镇化水平	常住人口城镇化率（%）	55. 5	60
	户籍人口城镇化率（%）	32. 3	45
	农民工随迁子女接受义务教育比例（%）	—	≥99
	城镇常住人口保障性住房覆盖率（%）	—	>26

注：（1）国内生产总值和城乡居民收入绝对数按 2013 年价格计算；（2）[ ] 内为累计数；（3）城乡三项基本医疗保险参保率指年末参加城镇职工基本医疗保险、城镇居民基本医疗保险和新型农村合作医疗的总人数与年末区域内总人口之比；（4）城乡居民收入增长按照不低于国内生产总值增长预期目标确定，努力实现和经济发展同步；（5）人均城市建设用地为 2013 年的数据。

《武汉城市圈总体规划（2007—2020 年）》总体思路与发展目标

一、发展思路

以科学发展观统领全局，在推进城市群建设中，始终坚持以人为本，全面、协调、可持续发展观，实现更快更好的发展。

坚持新型工业化，切实转变经济增长方式，用新型工业化的思路统率城市圈一体化进程。

坚持推进城市圈一体化建设。加快实现城市圈内五个一体化进程，即：基础设施一体化、产业发展一体化与布局一体化、城乡建设一体化、市场一体化、生态建设与环境保护一体化。

坚持梯度推进与非平衡推进相结合。既要实行从核心圈到紧密圈，再到辐射圈的渐进推动，同时又要打破常规，培育新的经济增长极。

二、战略定位

以长江经济带为主轴的东中西部互动发展的关键接力点与重要增长极。内陆地区的先进制造业高地和现代服务业中心。中部崛起的首位城市群和重要战略支点。

由发育型城市圈转变为较发达的城市圈。由“一强众弱”型城市圈转变为“一核多强”的城市圈。

影响范围由以省域为主扩展到长江中游和中部地区。

三、基本原则

市场主导，政府推动。充分运用市场机制，依靠市场力量，实现资源和生产要素在城市圈内的优化整合。政府的责任主要是指定公共政策，创造公平、开放的市场，解决一体化发展中相互关联的重大问题，为全体人民提供均等化的公共服务。

双赢多赢，互惠互利。以双赢多赢为目标，实现优势互补、资源共享、利益共享、联动发展，形成互惠互利、风险共担的利益机制。

统筹规划，重点突破。坚持规划先行，统筹基础设施、产业、城乡、市场、生态环境建设。并以交通基础设施建设作为切入点，重点突破。

坚持特色，错位发展。武汉城市圈内“1+8”市，应坚持发挥各自比较优势，扬长避短，发展特色产业和产业集群，与武汉市实行错位发展、合理分工与合作。

以企业为主体推进区域经济合作。鼓励企业之间的竞争与合作，以企业的扩展带动武汉城市圈一体化的发展。

四、发展目标

活力城市圈。经济增长又快又好，产业结构不断优化，产业集聚水平不断提高，产业发展后劲增强。2007—2020年，GDP以高于全省2~3个百分点的速度增长。GDP总量翻两番半。人均GDP在2008和2016年，分别跨越工业化中级台阶（2400美元）和工业化高级台阶（4800美元）。

——快捷的城市圈。建成快捷的城际交通，城际间实现可达、顺畅、迅速。形成一小时城市圈。

——安全的城市圈。建成完善的灾害与防控体系，包括自然灾害和疾病防控等。

——生态型城市圈。建成绿色、宜居和谐的生态型城市圈。

附表 1-2　**武汉城市圈建设的阶段性目标预测值**

	目标层	具体指标	2003年	2007年	2010年	2015年	2020年
经济发展	经济总量指标	GDP(亿元)	3291	5179	7276	12261	19746
		第一产业增加值(亿元)	406	493	571	711	874
		第二产业增加值(亿元)	1504	2452	3539	6098	9821
		第三产业增加值(亿元)	1382	2234	3167	5451	9051
		地方财政收入(亿元)	128	205	292	514	885
		全社会固定资产投资(亿元)	1105	1866	2764	6707	15107
		全社会消费品零售总额(亿元)	1475	2405	3470	6253	11021
	经济增长速度指标	GDP 增长速度(%)	10.5	12	12	11	10
		第一产业增长速度(%)	4.8	5	5	4.5	4.2
		第二产业增长速度(%)	11.7	13	13	11.5	10
		第三产业增长速度(%)	11	12.8	12.6	11.5	10.7
		地方财政收入增长速度(%)	11.1	12.5	12.5	12	11.5
		全社会固定资产投资增长速度(%)	13.9	14	14	13.5	12.3
	经济运行质量指标	农产品加工增值率(%)	28	32	35	45	55
		全员劳动生产率(元/人)	18491	26102	33802	50827	74682
		工业成本费用利润率(%)	3.5	5.2	6.5	10	15
	经济结构优化指标	三次产业结构(%：%：%)	12：46：42	10：47：43	8：49：43	6：50：44	4：50：46
		工业增加值占 GDP 比重(%)	40.5	41.5	43	45	45
		高新技术产业增加值占 GDP 比重(%)	8.1	10	11.1	13.2	15.8
	经济外向度指标	出口总额(亿美元)	20.5	50	95	170	300
		经济外向度(%)	10.1	15.7	21	30	36
		实际利用外资(亿美元)	18.5	26.1	46	85	120

续表

	目标层	具体指标	2003年	2007年	2010年	2015年	2020年
社会发展目标	人口与城镇化指标	总人口(万人)	3068.4	3145.7	3186.8	3247.3	3298.8
		人口自然增长率(‰)	2.8	3	3	2.5	2
		城镇化水平(%)	39.6	46.9	50.1	55.6	61.2
	科技教育指标	R&D经费投入占GDP的比重(%)	1.5	2	2.5	3	3.5
		教育支出占财政支出的比重(%)	25.2	28	30	35	35
		高等教育毛入学率(%)	21	25	30	33	35
	信息化指标	邮电业务总量(亿元)	135.9	229.6	340.2	640.7	1154.6
		固定电话普及率(部/百人)	16.2	25.6	32.8	36.5	40.2
		移动电话普及率(部/百人)	18.2	35	45.2	49.3	53.4
	人民生活质量指标	互联网普及率(户/百万人)	35450	64187	100189	250701	402571
		人均GDP(元/人)	10727	16464	22833	37757	59858
		城镇居民人均可支配收入(元/人)	7381	10229	13065	19197	27560
		农民人均纯收入(元/人)	2642	3463	4242	5895	8077
		恩格尔系数(%)	42.6	38	35	32	30
		万人拥有医生数(人/万人)	15.1	16.8	18	20	22
资源和生态环境目标	资源保护指标	基本农田保护率(%)	81	81	81	81	81
		万元GDP能耗(吨标煤)	1.36	1.2	1	0.9	0.8
	生态建设指标	森林覆盖率(%)	30.9	33	35	43	26.1
		水土流失治理率(%)	23.5	25.8	27.5	30.2	33
	环境污染治理指标	环保投资占GDP的比重(%)	0.8	1	1.2	1.5	2
		大气环境质量达标率(%)	95	96	97	99	100
		污水处理率(%)	45.8	65	80	90	100
		生活垃圾无害化处理率(%)	65.2	80	90	95	100

《长株潭城市圈发展规划（2013—2020年）》总体思路与发展目标

一、指导思想

高举中国特色社会主义伟大旗帜，以邓小平理论、“三个代表”重要思想、科学发展观为指导，全面贯彻党的十八大和十八届三中全会精神，进一步解放思想，锐意改革，加快转变经济发展方式，促进经济社会发展与人口资源环境相协调，切实走出一条有别于传统模式的工业化、城镇化发展新路，全面提升城市群综合实力和竞争力，带动实现富民强省、科学跨越，为全国科学发展提供示范，积累经验。

二、发展原则

坚持以人为本、改革创新。以改革为动力，通过体制机制和观念创新，形成促进又好又快发展、增进人民福祉的制度优势，带动全省科学跨越发展。

坚持全面统筹、协调发展。实施优势优先，兼顾周边地区，辐射带动全省，实现城乡统筹、优势互补、资源共享、互利共赢。

坚持因地制宜、强化两型。按照两型发展要求，加快推进新型工业化、新型城镇化，构建优势突出、特色鲜明的产业体系，布局合理、集约发展的城镇体系。创新流域治理、生态网络建设、有序开发机制，展现湖南山水、生态、经济、文化特色。

坚持政府引导、市场推动。加强省级统筹协调，充分发挥各市在改革建设中的主体作用。强化规划、政策等的科学引导，发挥市场配置资源的决定性作用，促进生产要素自由流动。

三、战略定位

长株潭城市群的战略定位是：全国“两型”社会建设的示范区，中部崛起的重要增长极，全省新型城镇化、新型工业化和新农村建设的引领区，具有国际品质的现代化生态型城市群。

长株潭城市群的功能目标是：全国城市群协同发展的先行区，全国生态文明建设的样板区，长江经济带承东启西的支撑区，内陆开放与自主创新的先导区，全省率先迈向基本现代化的引领区。

四、战略重点

长株潭城市群总体发展战略为：建设“两型”社会、实现科学跨越。战略重点是：

坚持核心带动，促进跨越发展。加强城市群核心区的规划建设，作为建设“两型”社会的基础平台、区域发展重点和一体化建设的空间载体，大力推进综合配套改革方案的实施，实现优势地区率先发展，带动长株潭城市群和全省跨越式发展。

加快产业“两型化”，推进新型工业化。发挥科技创新的先导示范作用，依靠产业结构调整、自主创新和信息化，加快新型工业化进程，重点发展高新技术产业和现代服务业，提升基础工业，发展现代农业。

强化生态格局和湘江治理，塑造高品质生态环境。以“南治水为主、北治气为主”为原则，突出湘江综合治理。以“强化生态特色，彰显湖湘魅力”为原则，合理利用长株潭三市结合部的空间开放式绿心、湘江生态带等生态区域，打造人与自然和谐相处、布局合理、生态良好、环境优美、适宜人居的生态环境。

发展社会事业，推动城乡和谐。促进社会就业更加充分，构建更加合理的收入分配和社会保障体系，大力推进教育、文化、卫生、体育等社会事业发展。建立以工促农、以城带乡的长效机制，加快绿色低碳小城镇建设，改善乡村地区生活环境，推进乡村产业发展和劳动力转移，建设社会主义新农村。

坚持集约发展，促进能源资源节约利用。构建城镇紧凑发展的空间结构，推动土地、水、能源等资源集约节约利用，加快开发利用太阳能、浅层地能、风能、生物质能等新能源。

建设综合交通体系，提高城乡运行效率。以一体化交通网络、公共交通体系和智能交通建设为重点，优先城际轨道、城际快速道路建设，将城市交通体系向乡村地区延伸，协调城乡空间资源开发。

提升存量空间、创新增量空间，推进空间高效利用。整合现有工业园区，建立产业退出机制，淘汰“两高”“五小”企业。加快旧城和城中村改造，整合乡村居民点。探索土地、能源、水资源节约和生态建设、环境保护、城乡统筹发展的新模式，形成符合“两型”社会要求的新型城乡空间形态。

五、发展目标

近期目标。到 2015 年，试验区建设纵深推进，资源节约、环境友好的体制机制改革取得显著成效，产业转型和城市群一体化发展取得明显进展，两型化的产业结构、增长方式和消费模式初步形成，创新和开放能力有所提升，在全省率先实现全面小康。长株潭三市的人均GDP达到9万元，城镇化水平达到68%；带动长株潭城市群的人均GDP达到6万元，城镇化水平达到56%。

远期目标。到2020年，“两型”社会建设综合配套改革主要任务基本完成，资源节约、环境友好的体制机制基本形成，新型工业化、新型城镇化和城市群一体化发展模式基本建立，创新能力和开放水平在中西部位居前列，经济社会发展与人口、资源、环境协调发展的格局基本形成，在全省率先向基本现代化迈进。长株潭三市的人均GDP达到14万元，城镇化水平75%以上；带动长株潭城市群的人均GDP达到9万元，城镇化水平达到65%。

附表1-3　**长株潭三市及长株潭城市群发展指标**

序号	社会经济发展指标	单位	2012年现状		2015年目标		2020年目标	
			长株潭三市	长株潭城市群	长株潭三市	长株潭城市群	长株潭三市	长株潭城市群
1	人口占全省比重	%	20.8	63.4	22	64	25	65
2	GDP占全省比重	%	42.6	79.7	45	82	47	85
3	人均GDP	万元	6.8	4.4	9	6	14	9
4	高新技术产业增加值占GDP比重	%	21.9	17.7	25	20	35	25
5	服务业增加值占GDP比重	%	37.0	35.6	43	40	50	45
6	进出口贸易额占GDP比重	%	8.6	6.4	10	8	16	12
7	R&D经费支出占GDP比重	%	1.4	1.2	1.8	1.5	2.5	2.0
8	城镇化水平	%	63.4	51.2	68	56	75	65
9	城乡收入比		2.1	2.4	2	2.3	1.8	2.0
10	城市人均市政公用设施用地	平方米	9.8	7.3	10	8	12	10

附表 1-4　　**长株潭城市群“两型”社会建设指标**

分类	两型发展指标	指标参数		
		2020 年目标值		年变化值
		长株潭三市	外围五市	
资源节约	人均城乡建设用地	<150 平方米/人		年下降>3%
	地均工业增加值	>30	>15 亿元/平方公里	年增长>5%
	单位 GDP 耗水	<40	<80 立方米/万元	年下降>4%
	单位 GDP 能耗	<0. 5	<0. 7 吨标煤/万元	年下降>4%
环境友好	森林资源蓄积量增长率	>2%	> 3%	
	城市空气质量达到二级标准天数比例	>75%	>85%	
	地表水好于Ⅲ类水质比例	>90%	>95%	
	重金属污染事故/事件	0		
社会经济与生态建设	绿色 GDP 占 GDP 比值	>90%		
	环保投入占 GDP 比重	>2. 5%		年增长>10%
	城市公共交通出行分担率（全方式）	>30%	>25%	年增长>10%
	新建绿色建筑比重	>30%		年增长>10%

注：社会经济发展指标为针对区域的指导性指标，两型发展指标为针对各市县的控制性指标。

《环鄱阳湖生态城市群发展规划（2015—2020 年）》总体思路与发展目标

一、发展定位

联动“一带一路”的内陆开放高地。积极对接国家“一带一路”倡议，发挥联动长珠闽和中西部地区的传导作用，建成通江达海、联动陆桥的开放发展区域。进一步加强鄱阳湖各级城市与东南部沿海港口的联系，向西加强与湖北、重庆、陕西、新疆等省区的联动。进一步提升南昌、九江、景德镇、上饶等中心城市在国际、区域方面的门户与枢纽节点作用，发挥抚州、宜春、萍乡、鹰潭、新余的外联内引作用，构建多种形式的对外开放平台。

长江经济带绿色产业聚集区。立足区域的生态资源与宜居环境优势，对接国家长江经济带“生态优先、绿色发展”的重大战略部署，推动绿色循环低碳发展，形成节约能源资源和保护生态环境的产业结构、增长方式、消费模式。着力完善绿色产业体系，在战略性新兴产业、现代服务业、文化创意产业发展和传统产业绿色升级等方面做足文章；积极争取国家层面的高新技术产业优惠政策，围绕产业链部署创新链，围绕创新链配置资源链，重点在光伏新能源、生物医药、大飞机与直升机产业基地、铜产业精深加工与研发基地等方面寻求突破。

国家绿色城镇化先行示范区。将山水文化融入城乡发展建设，在国内率先建成生态环境品质一流的城市群。建立起城镇发展建设的绿色化机制，推动“生态、生产、生活”空间统筹布局，构筑“山水林田湖城村”融合发展格局，塑造独具鄱阳湖山水风光特色的城市景观风貌。到2030年全部地市市辖区、县（市）建成国家生态园林城市，“城市双修”走在全国前列，建成一批智慧城区、低碳社区和生态型小城镇。围绕鄱阳湖周边的小城市、小城镇实现绿色产业与生态城市联动发展，构建起生态田园城镇带。建立起“通风、清水、绿林”的生态服务空间体系，100万人口规模以上城市建成城市绿环。

具有国际影响力的山水文化旅游区。挖掘鄱阳湖及周边地区丰富的生态与人文资源，积极发展生态旅游、休闲旅游与文化创意产业，建成融生态旅游、文化体验、休闲娱乐和养生健康为一体，品质一流的国际知名旅游区；拓展面向国际、对接长珠闽地区和长江中游城市群的客源市场，建成长江国际黄金旅游带上的重要旅游经济圈。按照全域景区模式推动“风景入城”，构建若干区域性风景游憩地。重点建设景德镇国际文化瓷都，庐山-柘林湖、三清山-婺源、龙虎山、武功山（明月山）等世界遗产旅游目的地，建设南昌休闲旅游城市。

二、发展目标

——总体目标

坚持“创新、协调、绿色、开放、共享”发展思想，不断提升城市环境质量、人民生活质量、城市竞争力；以融入“一带一路”倡议和长江经济带为契机，加快建立起开放发展新格局，积极融入长江中游城市群，实现区域整体的绿色转型发展、创新发展和跨越式发展；建成“自然环境优美，人均环境一流、经济繁荣高效、人民幸福安康、人文特色鲜明”的现代化城市群与绿色城镇化先导区。

探索大湖流域地区的社会经济与自然环境保护协调发展模式，构建起区域开发与保护格局，引导生态、生产、生活空间的合理分布，实现城镇空间集中、集约发展；形成绿色城镇化发展新机制，引导多元化发展动力，培育绿色产业体系，并促进就近城镇化；构建起“集约、高效、绿色、人文”的城镇体系，协同建立起区域性铁路网、城际轨道网、高速公路网和高等级航道为支撑，实现无缝换乘的现代综合交通系统，建立起区域绿色基础设施体系和公共安全保障体系；创新区域协同发展机制和重要资源类空间管理体制，推进南昌大都市区和流域上下游之间的协同发展示范。

——人口城镇化目标

2020年区域总人口为3400万人左右；2030年区域总人口为3700万人左右。2020年区域城镇化水平为60%左右，2030年城镇化水平为70%左右。

——区域发展指标体系

落实《中共江西省委 江西省人民政府关于建设生态文明先行示范区的实施意见》和《江西省城镇体系规划（2015—2030年）》的相关指标要求，对于区域整体和昌九地区分别制定约束性和预期性目标。

附录二　长江中游城市群各城市相关数据

附表 2-1　**长江中游城市群各城市 GDP 及构成（2018 年）**　单位：亿元

城市	GDP	第一产业增加值	第二产业增加值	第三产业增加值
武汉市	14847. 29	362	6377. 8	8107. 5
黄石市	1587. 33	95. 64	929. 54	562. 15
宜昌市	4064. 18	386. 42	2132. 27	1545. 49
襄阳市	4309. 79	414. 8	2218. 2	1676. 8
鄂州市	1005. 3	94. 15	523. 7	387. 45
荆门市	1847. 89	226. 2	943. 89	677. 8
孝感市	1912. 9	287. 13	925. 58	700. 19
荆州市	2082. 18	404. 75	908. 47	768. 96
黄冈市	2035. 2	376. 1	832. 04	827. 06
咸宁市	1362. 42	186. 88	662. 83	512. 71
仙桃市	800. 13	86. 92	413. 25	299. 96
天门市	591. 15	80. 44	302. 85	207. 86
潜江市	755. 78	75. 29	398. 09	282. 4
长沙市	11003. 41	318. 7	4660. 2	6024. 5

续表

城市	GDP	第一产业增加值	第二产业增加值	第三产业增加值
株洲市	2631.54	185.5	1149.2	1296.8
湘潭市	2161.36	125.1	1042	994.3
衡阳市	3046.03	337.01	1023.59	1685.43
岳阳市	3411.01	319.91	1424.34	1666.76
常德市	3394.2	348	1285.4	1760.8
益阳市	1758.38	245.88	669.53	842.97
娄底市	1540.41	151.87	698.26	690.29
南昌市	5274.67	190.7	2660.9	2423.1
景德镇市	846.6	56.45	402.32	387.83
萍乡市	1009.05	59.36	469.27	480.42
九江市	2700.19	189.21	1362.95	1148.02
新余市	1027.34	55.47	509.21	462.66
鹰潭市	818.98	56.31	450.77	311.9
吉安市	1742.23	207.99	790.05	744.19
宜春市	2180.85	269.17	977.51	934.17
抚州市	1382.4	199.28	566	617.12
上饶市	2217.48	253.1	1018.79	940.9
总计	85347.67	6645.73	38728.8	39968.49
全国占比	9.48%	10.27%	10.58%	8.51%

附表 2-2

长江中游城市群地级市国民经济与社会发展数据（2018 年）

	地区生产总值（万元）	人均地区生产总值（元）	年末总人口数（万人）	年末单位从业人员数（万人）	社会消费品零售总额（万元）	当年实际使用外资金额（万美元）	地方财政一般预算内收入（万元）	地方财政一般预算内支出（万元）	年末金融机构各项贷款余额（万元）	年末金融机构存款余额（万元）	公共图书馆图书总藏量（千册、件）	医院、卫生院数（个）	城镇职工基本养老保险参保人数（人）	城镇基本医疗保险参保人数（人）	失业保险参保人数（人）
武汉市	148472900	135136	884	209. 7735	68439017	1092684	15286984	19293075	268394400	257204643	8380	398	4542400	4573700	2302100
黄石市	15873300	64249	273	29. 9759	8032700	18145	1170158	2464970	12137330	17320364	1760	42	750709	510134	274063
荆州市	20821800	37247	641	37. 7086	12986473	2901	1343147	4331818	15991157	31492983	1280	67	1286121	669518	320379
宜昌市	40641800	98269	392	87. 7219	14840103	27696	2372350	5035790	31049626	36907340	3410	95	1242183	1003494	554723
襄阳市	43097900	76125	592	104. 5291	16589570	88015	2955197	6709664	22200959	35076013	2370	81	1154417	831480	421621
鄂州市	10053000	93317	111	22. 5824	3790408	3857	579275	1225496	5180400	7262900	1050	20	307374	176469	87471
荆门市	18478900	63742	293	40. 707	7725100	46065	1057579	2693071	11074180	20137673	1080	56	606000	424300	200135
孝感市	19129000	38900	518	83. 9471	10854683	34979	1301877	3825169	12570742	24439267	1320	60	743752	372980	242122
黄冈市	20352000	32124	741	78. 732	12050476	5360	1392448	4826328	15853778	33228190	2700	68	909075	480174	232925
咸宁市	13624200	53655	305	20. 5557	5561773	4031	913186	2483444	9609600	14991000	1150	35	409303	262478	159931
长沙市	110034116	136920	729	119. 4467	47650415	577997	8797072	13007895	183608931	186336032	10850	232	2531981	2359123	1544478
株洲市	26315423	65442	403	40. 2904	10656206	135412	1893222	4562770	18346668	31565605	3270	185	1055598	1055500	398177
湘潭市	21613580	75609	289	34. 2702	6679576	136051	1262598	3074651	17922163	21323919	1560	68	658198	489018	335015
衡阳市	30460279	42163	801	46. 2438	13272132	142547	1613489	5314820	18400771	36683466	2050	149	1165550	741595	615157
岳阳市	34110068	59165	569	41. 3162	13198656	55872	1438908	5317647	16338746	27155874	1420	239	1063595	624000	396300

续表

	地区生产总值（万元）	人均地区生产总值（元）	年末总人口数（万人）	年末单位从业人员数（万人）	社会消费品零售总额（万元）	当年实际使用外资金额（万美元）	地方财政一般预算内收入（万元）	地方财政一般预算内支出（万元）	年末金融机构各项贷款余额（万元）	年末金融机构存款余额（万元）	公共图书馆图书总藏量（千册、件）	医院、卫生院数（个）	城镇职工基本养老保险参保人数（人）	城镇基本医疗保险参保人数（人）	失业保险参保人数（人）
常德市	33942030	58160	605	43. 3291	12607581	125001	1743877	5481220	18074383	30802690	1790	109	1158208	570158	317727
益阳市	17583780	39937	478	24. 6783	7162113	31192	711540	3563421	10672284	19270500	1270	92	599030	365585	220200
娄底市	15404137	39249	455	28. 7041	5682868	53900	703006	3032858	9921602	19071248	1070	112	724411	374601	335122
南昌市	52746716	95825	532	117. 5259	21316307	348899	4617462	7524137	119503221	106057802	2240	122	1996844	1186702	630947
景德镇市	8465982	50723	170	16. 5131	3406579	22309	898553	2040485	8178053	11406525	1090	31	440655	336245	130059
萍乡市	10090505	52307	200	16. 6676	3848322	40111	997094	2452856	8478511	12037079	1450	33	534090	333518	160144
九江市	27001852	55274	523	39. 8627	7521037	217223	2678944	5562830	25130978	33713750	3510	62	786516	705281	352882
新余市	10273443	86789	125	11. 5486	2743622	47508	763601	1402593	8214875	11390134	1040	16	332491	197007	115221
鹰潭市	8189787	69923	129	15. 7069	2207915	31589	806323	1401841	6782461	7760139	420	33	246099	137438	95002
宜春市	21808544	39199	605	44. 1388	6760270	84471	2364213	5233948	23189000	32611300	480	50	939617	476117	270113
上饶市	22174758	32555	789	39. 5695	8259941	124907	2228315	6222704	26733860	35735598	1640	148	1153843	512306	300097
吉安市	17422292	35202	539	36. 0389	5141948	117225	1683513	4845240	18710249	28199082	3050	74	795991	418914	235106
抚州市	13824038	34226	432	32. 6475	5441371	38504	1290437	4036499	16087785	20672674	1510	49	523292	379818	215138

数据来源：相关年份统计年鉴。

附表 2-3　　**长江重要城市群地级市客运与货运数据（2018 年）**

	公路客运量（万人）	水运客运量（万人）	民用航空客运量（万人）	公路货运量（万吨）
武汉市	8867		1552	38634
黄石市	3070		—	7780
荆州市	6254	23	—	9666
宜昌市	10566	398	295	11655
襄阳市	10639	26	141	33700
鄂州市	1855	39	—	2021
荆门市	2218	13	—	3316
孝感市	6527		—	4372
黄冈市	9408	227	—	10511
咸宁市	5720	78	—	10864
长沙市	5889	10	1196	41265
株洲市	5420	8	—	17090
湘潭市	1340	9	—	7901
衡阳市	7831		82	17228
岳阳市	8431	9	—	25853
常德市	7425		73	13086
益阳市	5229	77	—	11934
娄底市	4816	27	—	11404
南昌市	2772		1352	14198
景德镇市	1663		—	4036
萍乡市	5839		—	4190
九江市	8147	60	—	13817
新余市	1154	45	—	21310
鹰潭市	1808		—	4867
宜春市	6286	2	64	24073
上饶市	7534	33	38	27795
吉安市	4382	5	66	13225
抚州市	4351		—	14183

数据来源：相关年份统计年鉴。

附表 2-4　**长江中游三省经济发展数据（2009—2018 年）**

省份	指标	2009 年	2010 年	2011 年	2012 年	2013 年	2014 年	2015 年	2016 年	2017 年	2018 年
江西	国内生产总值/增加值（亿元）	7655.18	9451.26	11702.82	12948.88	14410.19	15714.63	16723.78	18499	20006.31	21984.78
湖北		12961.1	15967.61	19632.26	22250.45	24791.83	27379.22	29550.1881	32665.38	35478.09	39366.55
湖南		13059.69	16037.96	19669.56	22154.23	24621.67	27037.32	28902.2139	31551.37	33902.96	36425.78
江西	第一产业增加值（亿元）	1098.66	1206.98	1391.07	1520.23	1636.49	1683.72	1772.98	1904.53	1835.26	1877.33
湖北		1795.9	2147	2569.3	2848.77	3098.16	3176.89	3309.84	3659.33	3528.96	3547.51
湖南		1969.69	2325.5	2768.03	3004.2051	3099.23	3148.75	3331.6211	3578.37	2998.4	3083.59
江西	第二产业增加值（亿元）	3919.45	5122.88	6390.55	6942.59	7671.38	8247.93	8411.57	8829.54	9627.98	10250.21
湖北		6038.08	7767.24	9815.94	11193.1	12171.56	12852.4	13503.5569	14654.38	15441.75	17088.95
湖南		5687.19	7343.19	9361.99	10506.4223	11517.35	12482.06	12810.8214	13341.17	14145.49	14453.54
江西	第三产业增加值（亿元）	2637.07	3121.4	3921.2	4486.06	5030.63	5782.98	6539.23	7764.93	8543.07	9857.24
湖北		5127.12	6053.37	7247.02	8208.58	9398.77	11349.93	12736.7912	14351.67	16507.38	18730.09
湖南		5402.81	6369.27	7539.54	8643.6	9885.09	11406.51	12759.7713	14631.83	16759.07	18888.65

续表

省份	指标	2009 年	2010 年	2011 年	2012 年	2013 年	2014 年	2015 年	2016 年	2017 年	2018 年
江西	全社会固定资产投资总额（亿元）	6643. 1422	8772. 2717	9087. 5985	10774. 1579	12850. 2527	15079. 3	17388. 1278	19694. 2104	22085. 339	—
湖北		7866. 8891	10262. 697	12557. 3401	15578. 2914	19307. 3308	22915. 3	26563. 8963	30011. 6538	32282. 361	—
湖南		7703. 3812	9663. 5841	11880. 9154	14523. 2404	17841. 3974	21242. 9	25045. 0778	28353. 3256	31959. 2273	—
江西	进出口（万美元）	1277878. 2	2161917. 7	3146880. 9	3341382. 9	3674663. 4	4273082	4239960. 4	4002840. 7	4447044. 844	4818758. 4
湖北		1725101. 5	2593211	3358693. 4	3196375. 1	3638007. 6	4303962	4555258	3938877. 3	4630863. 346	5278154. 7
湖南		1014946. 6	1465639	1894376. 3	2194873. 2	2517530. 8	3083160	2930180. 1	2624347	3604434. 124	4647420. 1
江西	社会消费品零售总额（亿元）	2484. 4	2956. 2473	3485. 0588	4027. 2499	4696. 1123	5292. 629	5925. 5	6634. 6	7448. 1	7566. 4
湖北		5928. 4	7013. 8517	8275. 1613	9562. 5023	11035. 945	12449. 2716	14003. 2	15649. 2	17394. 1	18333. 6
湖南		4913. 7	5839. 4998	6884. 7291	7921. 8885	9509. 5236	10723. 4547	12024	13436. 5	14854. 9	15638. 3

数据来源：相关年份统计年鉴。

附表 2-5　　湘鄂赣主要农产品产量及全国占比（2018 年）

	江西	全国占比	湖北	全国占比	湖南	全国占比	全国总计
粮食产量（万吨）	2190.7	3.33%	2839.47	4.32%	3022.9	4.59%	65789.216
谷物产量（万吨）	2112.17	3.46%	2704.04	4.43%	2891.54	4.74%	61003.5768
稻谷产量（万吨）	2092.2	9.86%	1965.62	9.27%	2674.01	12.61%	21212.9019
小麦产量（万吨）	3.17	0.02%	410.37	3.12%	8.01	0.06%	13144.049
玉米产量（万吨）	15.65	0.06%	323.38	1.26%	202.82	0.79%	25717.3923
豆类产量（万吨）	29.43	1.53%	38.41	2.00%	36.34	1.89%	1920.2655
薯类产量（万吨）	49.1	1.71%	97.02	3.39%	95.02	3.32%	2865.3736
油料产量（万吨）	120.8	3.52%	302.4833	8.81%	234.4464	6.83%	3433.3892
棉花产量（万吨）	7.2115	1.18%	14.9314	2.45%	8.569	1.40%	610.2772
麻类产量（万吨）	0.5688	2.80%	0.5281	2.60%	0.4455	2.19%	20.306
黄红麻产量（万吨）	0.0097	0.34%	0.0028	0.10%	0.0289	1.01%	2.8643
甘蔗产量（万吨）	64.5714	0.60%	27.6965	0.26%	33.8112	0.31%	10809.7097
烟叶产量（万吨）	3.6148	1.61%	6.602	2.95%	19.055	8.50%	224.1012
茶叶产量（万吨）	6.5362	2.50%	32.9831	12.64%	21.4687	8.22%	261.0393
水果产量（万吨）	684.3725	2.66%	997.9934	3.89%	1016.8198	3.96%	25688.3541

数据来源：相关年份统计年鉴。

附表 2-6　　湘鄂赣主要畜、木及水产产品产量及全国占比（2018 年）

	江西	全国占比	湖北	全国占比	湖南	全国占比	全国总计
畜产品产量：							
肉类产量（万吨）	325.6758	3.78%	430.9474	5.00%	541.7193	6.28%	8624.6285
奶类产量（万吨）	9.63	0.30%	12.81	0.40%	6.2	0.20%	3176.7887
禽蛋产量（万吨）	46.96	1.50%	171.53	5.48%	105.4	3.37%	3128.2837
蜂蜜产量（万吨）	1.8175	4.07%	2.3434	5.24%	1.0198	2.28%	44.6879
水产品产量：							
淡水产品（万吨）	255.945	8.11%	458.4045	14.52%	246.9383	7.82%	3156.2255
天然生产淡水产品产量（万吨）	22.4007	11.41%	18.1064	9.22%	8.9869	4.58%	196.3871

续表

	江西	全国占比	湖北	全国占比	湖南	全国占比	全国总计
人工养殖产量（万吨）	233.5443	7.89%	440.2981	14.88%	237.9514	8.04%	2959.8384
鱼类产量（万吨）	222.7455	8.28%	349.3098	12.98%	213.6559	7.94%	2691.3574
虾蟹类产量（万吨）	18.8008	5.09%	101.6521	27.50%	26.8881	7.27%	369.6653
贝类产量（万吨）	6.5318	16.02%	0.8095	1.98%	1.7345	4.25%	40.7845
林产品产量：							
木材产量（万立方米）	257.0025	2.92%	209.7572	2.38%	286.0728	3.25%	8810.8638
松脂产量（吨）	119760	8.71%	13280	0.97%	47434	3.45%	1375367
生漆产量（吨）	195	1.03%	2664	14.11%	1120	5.93%	18882
油桐籽产量（吨）	13563	3.90%	21400	6.15%	26663	7.66%	348173
油茶籽产量（吨）	455454	17.32%	194836	7.41%	1010844	38.44%	2629796

数据来源：相关年份统计年鉴。

附表 2-7　　**湘鄂赣三省主要工业品产业及全国占比（2018 年）**

	江西省	全国占比	湖北省	全国占比	湖南省	全国占比	全国
钢材产量（万吨）	2680.79	2.37%	3682.74	3.25%	2374.69	2.10%	113287.33
原煤产量（万吨）	622.3	0.17%	120.1	0.03%	1692.86	0.46%	368300
焦炭产量（万吨）	573.94	1.31%	873.98	1.99%	656.21	1.50%	43819.96
原盐产量（万吨）	212.44	3.34%	416.74	6.55%	323.17	5.08%	6363.61
乙烯产量（万吨）	0.3	0.02%	89.31	4.80%	5.4	0.29%	1861.76
塑料产量（万吨）	33.31	0.39%	191.26	2.23%	49.1	0.57%	8558.02
糖产量（万吨）	0.15	0.01%	0.08	0.01%	2.54	0.21%	1198.77
粗钢产量（万吨）	2499.18	2.69%	3475.37	3.74%	2307.59	2.49%	92801
罐头产量（万吨）	15.59	1.49%	74.44	7.10%	95.47	9.11%	1047.85
轿车产量（万辆）	7.02	0.61%	99.73	8.60%	20.71	1.79%	1160.07
生漆产量（吨）	195	1.03%	2664	14.02%	1120	5.89%	19000
水泥产量（万吨）	9337.47	4.23%	10906.16	4.94%	10920.6	4.95%	220771
生铁产量（万吨）	2204.17	2.83%	3203.53	4.11%	1963.17	2.52%	77987.63

续表

	江西省	全国占比	湖北省	全国占比	湖南省	全国占比	全国
烧碱产量（万吨）	43.47	1.27%	83.09	2.43%	44.76	1.31%	3420.18
汽车产量（万辆）	50.66	1.82%	241.9	8.69%	55.01	1.98%	2782.74
硫酸产量（万吨）	314.64	3.42%	1211.95	13.16%	177.62	1.93%	9209.27

数据来源：相关年份统计年鉴。

附表 2-8　　**湘鄂赣三省及全国水资源及治理能力（2018 年）**

	江西	湖北	湖南	全国
水资源总量（亿立方米）	1149.1	857	1342.9	27462.5
人均水资源量（立方米/人）	2479.18	1450.21	1952.01	1971.85
供水总量（亿立方米）	250.8	296.9	337	6015.5
生活垃圾清运量（万吨）	448.80	954.18	824.49	22801.75
无害化处理厂数（座）	24	49	37	1091
无害化处理能力（吨/日）	17318.05	31397.33	26646.70	766194.98
无害化处理量（万吨）	448.81	953.97	824.13	22565.36

数据来源：相关年份统计年鉴。

主要参考文献

[1] Albuquerque. R. , Loayzan, Servenl. World market integration through the lens of foreign direct investors [R]. Working Paper, the World Bank Development Research Group Macroeconomics and Growth, 2003.

[2] Bela Balassa. Theory of economic integration [M]. London: Allen and Unwin, 1962.

[3] Best, E. Capacities for regional integration: a conceptual framework for comparative analysis [R]. O. H. Madeleine et al. Free trade agreements and customs unions: experence, challenges and constaints. Maasttricht: European Commission, 1997.

[4] Bowen. H. P. , Munandar. H. , Viaene. J. How integrated is the world economy [R]. Discussion Paper, Queens University of Charlotte, 2009.

[5] Canjels,E. , Prakash-Canjels, G. , Taylor, A. M. Measuring market integration: foreign exchange arbitrage and the gold standard [R]. NBER Working Paper, 2004 (10583).

[6] Croci. M. Country pair-correlations as a measure of financial integration: the case of the Euro equity markets [R]. Universita Politecnica delle Marche Working Paper, 2004 (201).

[7] De Lombaerde, P. , G. , Pietrangeli and C. Weeratunge. Systems of Indicators for monitoring regional integration processes [J]. Integrated Assessment, 2008 (8): 39-67.

[8] Jan Tinbergen. International economic integration [M]. Amsterdam: Elsevier, 1954.

[9] Kindelberger C. , B. Lindert. 国际经济学 [M]. 上海：上海译文出版社，1978.

[10] Knetter, Michael M. , Slaughter Matthew J. Mesuring product-market integration [R]. NBER Working Paper, 1999.

［11］ Lipsey. R. E. Price and quantity trends in the foreign trade of the United States ［M］. Princeton：Princeton University Press，1963.

［12］ Martinoia. M. European integration，labour market dynamics and migration flows ［R］. POLIS Working Papers，2009（136）.

［13］ Mary. D. Q.，Cagas M. A.，Ducanes G.，et al. Measuring regional market integration in developing Asia：a dynamic factor error correction model（DF-ECM）approach ［R］. Asian Development Bank Working Paper Series On Regional Eco-nomic Integration，2007（8）.

［14］ Masahisa Fuieta，Paul Krugman，Tomoya Mori. On the evolution of hierarchical urban systems ［J］. European Economic Review，1999（3）：209-251.

［15］ Pal，D. P. Dietzenbacher，E.，Basu，D. Economic integration：systemic measures in an input-output framework ［J］. Economic Systems Research，2007，19（4）：397-408.

［16］ Rosenstein-Rodan，P. N. Problems of industrialization of Eastern and South-Eastern Europe"，Economic Journal，1943，53（210/211）：202-211.

［17］ Raúl Prebisch. Commercial policy in the underdeveloped countries ［J］. American Economic Review，1959，49（2）：251-273.

［18］ Robertson. Defining North American economic ［R］. Preliminary Draft Prepared for the 2004 NAAM-IC Conference，2004.

［19］ Streeten，paul. Economic integration：aspects and problems ［M］. Leyden：A. W. Sythoff，1961：16.

［20］ 艾伯特·赫希曼．经济发展战略［M］．北京：经济科学出版社，1992.

［21］ 安虎森，李瑞林．区域经济一体化效应和实现途径［J］．湖南社会科学，2007（5）：95-102.

［22］ 安筱鹏，韩增林．城市区域协调发展的制度变迁与组织创新［M］．北京：经济科学出版社，2006.

［23］ 白英瑞，康增奎．欧盟：经济一体化理论与实践［M］．北京：经济管理出版社，2002.

［24］ 彼得·罗布森．国际一体化经济学［M］．上海：上海译文出版社，2001.

［25］ 查尔斯·沃尔夫．市场或政府［M］．北京：中国发展出版社，1994.

［26］ 陈红霞，李国平．1985—2007年京津冀区域市场一体化水平测度与过程

分析［J］. 地理研究，2009（6）：1476-1483.
［27］陈建军. 要素流动、产业转移和区域经济一体化［M］. 杭州：浙江大学出版社，2005.
［28］陈园，张晓燕. 卫生服务利用公平性视角下的武汉城市圈卫生一体化建设［J］. 卫生经济研究，2012（6）：8-10.
［29］初冠仪. 区域经济一体化发展趋势与中国自贸区战略［D］. 长春：吉林财经大学硕士学位论文，2017.
［30］代合治. 中国城市群的界定及其分布研究［J］. 地域研究与开发，1998（2）：41-44，56.
［31］邓强，喻贵华. 环鄱阳湖城市群融入长江中游城市群的思考［J］. 当代经济，2017（11）：85-87.
［32］冯怡康，马树强，金浩. 国际都市圈建设对京津冀协同发展的启示［J］. 天津师范大学学报（社会科学版），2014（6）：7-12.
［33］付小冬. 长三角区域一体化水平研究［J］. 管理工程师，2020，25（3）：14-25.
［34］付意成，阮本清，张春玲，王瑞年. 生态补偿机制研究［J］. 中国农村水利水电，2009（3）：55-58，62.
［35］傅志寰，陆化普. 城市群交通一体化理论研究与案例分析［M］. 北京：人民交通出版社，2016.
［36］甘文婷. 长江中游城市群产业一体化研究［D］. 长沙：湖南农业大学硕士学位论文，2017.
［37］龚胜生，张涛，丁明磊，等. 长江中游城市群合作机制研究［J］. 中国软科学，2014（1）：96-104.
［38］郭庆汉. 构建长江中游城市集群的历史机遇与主要任务［J］. 武汉交通职业学院学报，2013，15（1）：12-14.
［39］胡慧旋. 长株潭城市群一体化研究——以“两型社会”为背景［D］. 天津：南开大学硕士学位论文，2008.
［40］胡军，刘少波，冯邦彦. CPEA与泛珠三角发展战略［M］. 北京：经济科学出版社，2005.
［41］胡志林. 大城市毗邻区城乡经济一体化发展研究［D］. 武汉：中南财经政法大学博士学位论文，2018.
［42］湖北省社会科学院. 研究服务地方政府的成功实践［J］. 中国社会科学院报，2008（8）：14.

[43] 黄新建．加快推进鄱阳湖生态经济区城乡一体化的建设［J］．鄱阳湖学刊，2010（1）：36-39.

[44] 纪晓岚．长江三角洲区域发展战略研究［M］．上海：华东理工大学出版社，2006.

[45] 江冰．环鄱阳湖经济圈形成与发展实证研究［D］．北京：中国政法大学硕士学位论文，2018.

[46] 江涌．人才战略与区域经济发展——基于对长株潭区域经济一体化发展的思考［J］．中南大学学报（社会科学版），2009，15（6）：853-858.

[47] 姜君．基于熵权与变异系数组合赋权法的模糊综合评价模型［D］．首都师范大学硕士学位论文，2011.

[48] 蒋国勤．武汉城市圈体育资源一体化模式及路径［J］．体育科技文献通报，2012（9）：33-34.

[49] 金太军．区域治理中的行政协调研究［M］．广州：广东人民出版社，2011.

[50] 雷文亮，马骥，彭正亮．长株潭区域经济一体化分析［J］．经济研究导刊，2011（15）：151-153，238.

[51] 李兵，蒋益民，邓兴明．推进长江中游城市集群环境保护一体化［J］．政策，2012（10）：41-44.

[52] 李夺，任海洋，庄继生．长株潭城市群研究现状及展望［J］．南阳理工学院学报，2016，8（4）：99-102.

[53] 李琳，谈肸，徐洁．长江中游城市群市场一体化水平评估与比较［J］．城市问题，2016（10）：12-21.

[54] 李琳．长江中游城市群一体化模式选择与机制研究：基于市场、产业、空间三维视角［M］．北京：社会科学文献出版社，2019.

[55] 李瑞林．区域经济一体化效应分析［D］．天津：南开大学博士学位论文，2007.

[56] 李筱青．区域经济一体化对长株潭经济增长的影响分析［J］．湖南社会科学，2011（5）：121-124.

[57] 李雪松，孙博文．密度、距离、分割与区域市场一体化——来自长江经济带的实证［J］．宏观经济研究，2015（6）：117-128.

[58] 李雪松，孙博文．长江中游城市群区域一体化的测度与比较［J］．长江流域资源与环境，2013（8）：996-1003.

[59] 李云汉，等．城市群综合运输服务一体化问题与对策——以长江中游城

市群为例［J］. 综合运输，2017（10）.
［60］李泽升. 京津冀城市群一体化水平评价研究［D］. 石家庄：河北经贸大学硕士学位论文，2016.
［61］梁慧超，刘静，沈红丽. 基于技术差异分析的京津冀区域经济一体化实证研究［J］. 河北工业大学学报，2013（3）：97-103.
［62］刘华丹. 长株潭城市群一体化进程测度与评价研究［D］. 长沙：长沙理工大学硕士学位论文，2017.
［63］刘嗣明，杨晓丽. 武汉城市圈生态环境保护一体化机制创新研究［J］. 发展研究，2010，45（3）：14-17.
［64］刘文华. 欧盟一体化性质及特点［J］. 国家问题研究，2004（2）：35.
［65］刘亚平. 昌九区域经济一体化水平测度与对策研究［D］. 南昌：华东交通大学硕士学位论文，2015.
［66］卢新海，陈丹玲，匡兵. 区域一体化对城市土地利用效率的影响——以武汉城市群为例［J］. 城市问题，2018（3）：19-26.
［67］罗睿. 区域经济一体化发展现状及完善策略探究［J］. 中国商论，2020（1）：190-191.
［68］吕典玮，张琦. 京津地区区域一体化程度分析［J］. 中国人口·资源与境，2010（3）：162-167.
［69］麻智辉. 环鄱阳湖城市群发展战略构想［J］. 江西社会科学，2006（3）：238-242.
［70］麻智辉. 中部崛起与环鄱阳湖城市群的发展战略［J］. 郑州航空工业管理学院学报，2007，25（4）：1-6.
［71］孟庆民. 区域经济一体化的概念与机制［J］. 开发研究，2001（2）：47-49.
［72］孟祥林. "一体两翼"的京津冀城市群发展模式分析［J］. 京津冀经济瞭望，2010（5）：67.
［73］孟祥林. 区域经济一体化视域下"大武汉"城市群构建对策分析［J］. 现代城市，2018，13（4）：20-27.
［74］纳克斯. 不发达国家的资本形成问题［M］. 北京：商务印书馆，1966.
［75］牛雄，魏际刚，刘云中，秦宁. 从战略高度加快长江中游城市群发展［N］. 中国经济时报，2014-02-10（5）.
［76］彭智敏. "长江中游城市群"：寻求中部经济增长点［N］. 中国社会科学报，2011-11-24（18）.

[77] 蒲丽娟．武汉城市圈经济一体化研究［D］．成都：西南财经大学博士学位论文，2013.
[78] 千慧雄．长三角区域经济一体化测度［J］．财贸研究，2010（5）：24-31.
[79] 钱林波，顾文莉．以快速轨道交通支撑和引导城市发展——日本东京都市圈的实践与启示［J］．现代城市研究，2001（6）：56-58.
[80] 秦尊文，陈丽媛．在加强生态文明建设中实现区域可持续发展［J］．学习月刊，2013（7）：30-32.
[81] 秦尊文．从国家战略层面研究长江中游城市集群建设［J］．湖北社会科学院，2012（7）：45-47.
[82] 秦尊文．打破不合理的行政壁垒［N］．湖北日报，2012-12-31（3）.
[83] 秦尊文．加快推进长江中游城市群一体化发展［J］．政策，2015（11）：55-56.
[84] 秦尊文．掀起生态文明建设新高潮［J］．学习月刊，2012（17）：8.
[85] 饶磊．区域一体化政策与城乡一体化的实现研究——以武汉城市圈为例的案例分析［D］．南昌：南昌大学硕士学位论文，2013.
[86] 荣跃明．区域整合与经济增长［M］．上海：上海人民出版社，2005.
[87] 沈姊文．长江中游城市群基础设施一体化研究［J］．现代商贸工业，2017（7）：6-7.
[88] 斯蒂格里兹．政府经济学［M］．北京：春秋出版社，1988.
[89] 斯特里顿，宋承先．不平衡增长［J］．现代外国哲学社会科学文摘，1963（10）：11-17.
[90] 苏芳．区域经济协调发展评价——以甘肃兰白地区为例［J］．生产力研究，2013（1）：110-113.
[91] 孙大斌．由产业发展趋势探讨我国区域经济一体化动力机制［J］．国际经贸探索，2003（6）：71-74.
[92] 孙久文，丁鸿君．京津冀区域经济一体化进程研究［J］．经济与管理研究，2012（7）：52-58.
[93] 孙明正，余柳，郭继孚，李先，周凌．京津冀交通一体化发展问题与对策研究［J］．城市交通，2016，14（3）：63-66.
[94] 汤放华，古杰，吕贤军，等．新区域主义视角下长株潭城市群区域一体化过程与影响因素［J］．人文地理，2018（4）：95-101.
[95] 童中贤，曾群华．长江中游城市群空间整合进路研究［J］．城市发展研

究，2016，23（1）：49-57.
［96］童中贤，刘晓，黄永忠．环长株潭城市群融入长江中游城市群发展研究［J］．企业经济，2015（9）：29-33.
［97］汪冬梅．中国城市化问题研究［D］．济南：山东农业大学博士学位论文，2003.
［98］王春业．区域行政立法模式研究：以区域经济一体化为背景［M］．北京：中国法律出版社，2009.
［99］王放．中国城市化与可持续发展［M］．北京：科学出版社，2000.
［100］王辑慈．超越集群：中国产业集群的理论探索［M］．北京：科学出版社，2010.
［101］王亮，等．基于“耦合距离”的长江中游城市群一体化空间范围定量测度［J］．长江流域资源与环境，2019，28（12）：35-45.
［102］王圣军．大都市圈发展的经济整合机制研究［D］．成都：西南财经大学博士学位论文，2008.
［103］王艳慧，王亚东．长江中游城市群基本公共服务一体化战略选择［J］．北方经济，2015（3）：52-54.
［104］王瑛．区域经济一体化发展的驱动机制分析［J］．企业经济，2005（4）：144-145.
［105］王喆．武汉城市圈一体化发展探索［J］．宏观经济管理，2014（4）：64-65.
［106］卫龙宝，阮建青，傅昌銮．产业集群升级、区域经济转型与中小企业成长：基于浙江特色产业集群案例的研究［M］．杭州：浙江大学出版社，2011.
［107］魏后凯，成艾华．加快推动长江中游城市集群多极协同、一体化发展［J］．政策，2012（4）：49-52.
［108］吴怀志．武汉城市圈与长江中游城市群融合发展研究［J］．城市观察，2016（3）：40-52.
［109］吴家庆，卿孟军．长株潭一体化与行政管理体制的变革［J］．湖南师范大学社会科学学报，2012（6）：37-41.
［110］伍贻康．区域性国际经济一体化的比较［M］．北京：经济科学出版社，1994.
［111］席恺媛，朱虹．长三角区域生态一体化的实践探索与困境摆脱［J］．改革，2019（3）：87-96.

[112] 肖林，王方华．中国都市圈服务经济与全球化竞争战略［M］．上海：格致出版社，2008.

[113] 徐静，等．对鄱阳湖生态经济区人才一体化问题的若干思考［J］．中共南昌市委党校学报，2010（1）：56-58.

[114] 杨凤华，王国华．长江三角洲区域市场一体化水平测度与进程分析［J］．管理评论，2012（1）：32-38.

[115] 杨龙岗．中国非均衡经济研究——基于缪尔达尔“循环累积因果论”的视角［D］．厦门：厦门大学硕士学位论文，2014.

[116] 杨云彦，朱明宝．城市规模与农民工的城市融入——基于全国248个地级及以上城市的经验研究［J］．经济学动态，2016（4）：49-58.

[117] 于胜英，等．京津冀城市群综合交通运输一体化研究［R］．北京：北京交通发展研究中心，2016.

[118] 余达锦，胡振鹏．鄱阳湖生态经济区城镇辐射力模型及其发展研究［J］．华东经济管理，2010，24（1）：15-18.

[119] 余家祥，何英，王遥飞，等．武汉城市圈交通运输一体化发展对策研究［J］．中国工程咨询，2020，239（4）：83-86.

[120] 俞进．融合国际贸易和直接投资理论：以国际分工为基础［J］．华东师范大学学报（哲学社会科学版），2002：107-114.

[121] 喻杰．长江中游城市群经济一体化研究［D］．沈阳：辽宁大学硕士学位论文，2016.

[122] 张泉．武汉城市圈金融一体化发展研究［D］．武汉：湖北工业大学硕士学位论文，2017.

[123] 张文．武汉城市圈产业一体化发展模式与路径研究［D］．武汉：武汉工程大学硕士学位论文，2017.

[124] 张幼文．世界经济一体化的进程［M］．上海：学林出版社，1999.

[125] 张兆安．大都市圈与区域经济一体化：兼论长三角区域经济一体化［M］．上海：上海财经大学出版社，2006.

[126] 张震龙．“两湖”平原经济一体化发展战略研究［D］．武汉：华中科技大学博士学位论文，2005.

[127] 赵国岭．京津冀区域经济合作问题研究［M］．北京：中国经济出版社，2006.

[128] 中共武汉市委党校课题组．产业集群与武汉经济圈发展研究［J］．长江论坛，2005（3）：14.

[129] 周立群，夏良科．区域经济一体化的测度与比较：来自京津冀、长三角和珠三角的证据［J］．江海学刊，2010（4）：81-87.
[130] 朱华晨．浙江产业群：产业网络、成长轨迹与发展动力［M］．杭州：浙江大学出版社，2003（6）：23-25.
[131] 朱舒怡．长江中游城市群高等教育与社会保障一体化研究［J］．现代经济信息，2016（7）：437.
[132] 朱媛媛，曾菊新，韩勇，等．武汉城市圈城乡文化整合的时空结构［J］．地理研究，2014，33（10）：1908-1918.
[133] 邹卫星，周立群．区域经济一体化进程剖析：长三角、珠三角与环渤海［J］．改革，2010（10）：86-93.